O mistério da conjunção

Ensaios sobre comunicação, corpo e socialidade

MICHEL MAFFESOLI

O mistério da conjunção

Ensaios sobre comunicação,
corpo e socialidade

Tradução de
Juremir Machado da Silva

Editora Sulina

Título original: *Le mystère de la conjonction*
© Michel Maffesoli, 1997 – publicado na França por Fata Morgana
© Editora Meridional/Sulina, 2005

Projeto gráfico e editoração: Fósforografico/Clo Sbardelotto
Capa: Danni Calixto
Tradução: Juremir Machado da Silva
Revisão: Patrícia Aragão

Editor: Luis Gomes

1ª reimpressão

Dados Internacionais de Catalogação na Publicação (CIP)
Bibliotecária responsável: Ginamara Lima J. Pinto CRB 10/1204

M187m   Maffesoli, Michel
        O mistério da conjunção: ensaios sobre comunicação, corpo
        e socialidade / Michel Maffesoli; tradução de Juremir Machado da Silva.
        – Porto Alegre: Sulina, 2009
        102 p.

        ISBN: 978-85-205-0397-3

        1. Socialidade. 2. Sociologia Avançada. 4. Mídia – Aspectos Sociais.
        5. Ensaio Francês. I. Silva, Juremir Machado da. II. Título.
                           CDD: 301.16

Todos os direitos desta edição reservados à

EDITORA MERIDIONAL LTDA.
Av. Osvaldo Aranha, 440 – conj. 101
CEP: 90035-190 – Porto Alegre – RS
Tel.: (51) 3311-4082   Fax: (51) 3264-4194
sulina@editorasulina.com.br
www.editorasulina.com.br

Setembro / 2009
Impresso no Brasil / Printed in Brazil

SUMÁRIO

Introdução / 7

I. A ética da estética / 11

II. A prostituição como forma de socialidade / 29

III. O lúdico e a socialidade / 47

IV. Matar o tempo: da disponibilidade social / 59

V. Centralidade da marginalidade tribal e de costumes / 81

VI. A mesa como lugar de comunicação / 91

Conclusão: Agitação doméstica e efervescência cerebral / 97

INTRODUÇÃO

A vida, no seu aspecto estocástico, é uma sequência de tentativas e de erros, cuja surpreendente coerência só pode ser vista *a posteriori*. Talvez o mesmo ocorra com o ato de conhecimento, sobretudo quando insiste em permanecer concreto e, por meio de uma série de abordagens, manter-se o mais próximo possível da labilidade social.

É nesse sentido que proponho aqui ao leitor uma articulação de textos sobre a temática, cujos efeitos ainda não se acabou de mensurar, do dionisíaco.

Enquanto o racionalismo abstrato contenta-se com uma visão mecânica, o procedimento intelectual atento aos valores sensíveis bebe na lógica do vivido e na sua dinâmica orgânica. Vale lembrar que essa lógica se caracteriza por ser movediça, carinhosa, erótica mesmo, ou seja, baseia-se na atração, nas afinidades, nos processos emocionais e afetivos que tanto impregnam o nosso tempo. Essa lógica não se ocupa essencialmente da lei da causalidade, mas não deixa de indicar, com precisão, as grandes tendências sociais.

Por meio de noções, ou metáforas, como orgia, socialidade, tribo, emoção, estética, pretendo mostrar que o laço social não é mais unicamente contratual, racional, simplesmente utilitário ou funcional, mas contém uma boa parte de não racional, de não lógico, algo que se exprime na efervescência de todas as formas ritualizadas (esporte, música, canções, consumo, consumição, revoltas, explosões sociais) ou, em geral, totalmente espontâneas.

É importante destacar esses aspectos na medida em que os fenômenos que se pode chamar aqui de eróticos foram amplamente deixados de lado na modernidade. Na melhor das hipóteses, não deveriam ter expressão pública. Eram tolerados na ficção, na poesia, na arte, mas estas deveriam ser uma esfera bem separada da existência. Essa, quanto ao resto, estava entregue à ordem econômica e a política. Talvez seja necessário inverter os dados do problema ou tomar consciência, intelectualmente, da mudança de valores em nossas sociedades. Aquilo que foi relegado em outras épocas tende a reaparecer no centro dos acontecimentos e dos interesses. Como observou R. Abellio, "a poesia e o amor são os ingredientes principais do conhecimento... do qual a fé e a política são apenas complementos, queimados pelo calor da luta"[1]. Trata-se de uma pista de investigação que permite compreender a existência de criatividade social fora do modelo matemático e dos avatares quantitativistas, economicistas ou produtivistas, dominantes ao longo dos últimos dois séculos. Assim como a atração erótica está na base da organização tribal das nossas sociedades, o conhecimento erótico será um instrumento importante para descrevê-las a partir de agora.

Significa perguntar: como pensar a pulsão que me leva a fazer como os outros, a seguir a moda, a ser impulsionado por esse estranho instinto de mimetismo? Tudo isso remete a uma *ética da estética*, ou seja, a um *ethos* constituído a partir de emoções partilhadas e vividas em comum. Eis o que nos obriga a renovar a nossa percepção das coisas.

Os ensaios sociológicos deste livro chamam atenção para o fato que, como observa H. R. Jauss, "a *aisthesis* devolve ao conhecimento intuitivo os seus direitos contra o privilégio concedido tradicionalmente ao conhecimento conceitual"[2]. Deve-se entender, neste caso, a estética no seu sentido mais simples: vibrar em comum, sentir em uníssono, experimentar coletivamente, tudo o que permite a cada um, movido pelo ideal comunitário, de sentir-se daqui e em casa neste mundo. Assim, o laço social é cada vez mais dominado pelos afetos, constituído por um estranho e vigoroso sentimento de pertença.

---

[1] R. Abel. *Les militants*. Paris, Gallimard, 1975, p.28.
[2] H. R. Jauss. *Pour une esthétique de la réception*. Paris, Gallimard, 1978, p.131.

Tudo isso tem sido tratado em diversos livros. Não é inútil ir às fontes de uma tal problemática ainda em estado nascente. São essas origens que resumo neste título um tanto alusivo: o mistério da conjunção. É possível, de fato, que a pulsão que me empurra para o outro, fundamento da socialidade, seja uma forma de jogo teatral, uma forma de arte popular, o ressurgimento de algo conhecido de memória, o jogo do mundo, o mundo como jogo.

I.
A ÉTICA DA ESTÉTICA

Cada época tem as suas ideias obsessivas, que nada têm de pessoais. Elas aparecem, de diversas maneiras, em todas essas expressões societais que são a literatura, os modos de vida, as múltiplas formas culturais, sem esquecer as ideologias, sejam elas políticas, jornalísticas ou científicas. Uma dessas ideias recorrentes, que de maneira transversal atravessa todas as civilizações, é, no sentido simples do termo, a vida moral. Em outras palavras, o que, no fundo, permite o estar juntos (*Zusammen-seins*)? Formularei essa obsessão da seguinte maneira: às vezes, ela se exprime como moral *stricto sensu*, ou seja, toma a forma de uma categoria englobante, universal, rígida e privilegia o projeto, a produtividade e o puritanismo; em suma, impõe-se como lógica do dever-ser.

Outras vezes, ao contrário, valoriza a comunicação e a emoção coletiva, sendo mais relativa e dependente dos grupos (ou tribos) que estrutura como tais; é, então, uma *ética*, um "ethos" vindo de baixo. *Moral* versus *ética*. Outras vezes, já tratei dessa dicotomia que me parece pouco pensada, embora seja muito pertinente para a compreensão da nossa época. Com efeito, o fim de uma moral universal, o relativismo moral visível no cotidiano, a eclosão de modos de vida alternativos, tudo isso não significa que não existam mais códigos específicos. Pode-se levantar a hipótese de que o marginalizado em tempos de produtivismo dissemina-se agora numa multiplicidade de marginalidades centrais, o que sintetizei na fórmula *ética da estética*. Tal ligação não é nova e já se encontrava no ideal grego do *Kalokagathos* ou em certas intuições do Renascimento.[3] Pode estar aí uma pista altamente prospectiva.

---

[3] Cf., por exemplo, W. Pater. *Essais sur l'art et la Renaissance*. Paris, Klincksieck, 1985, p.158.

Pode-se também afirmar que o chamado *pós-moderno* é simplesmente uma maneira de realçar a ligação entre a ética e a estética. Não pretendo dar ao termo pós-moderno uma dimensão conceitual. Vamos tomá-lo, de maneira cômoda, como a totalidade das categorias e das sensibilidades alternativas às que prevaleceram durante a modernidade. Trata-se, então, de pôr em perspectiva uma categoria para pensar a saturação de uma episteme e compreender o momento precário situado entre o fim de um mundo e o nascimento de outro. Umberto Eco compara o pós-modernismo ao maneirismo barroco. Quer saber se pós-modernismo não seria o nome atual desse "maneirismo como categoria meta-histórica"[4]. Portanto um *modus operandi* capaz de destacar a intenção ou o querer artístico que me parece ser o motor das mais variadas agregações que compõem a sociedade.

A história alemã da arte resumiu isso tudo na expressão *Kunstwollen*. É possível extrapolar o sentido dessa noção e estendê-la à totalidade da vida social. Com efeito, não se pode mais reduzir a arte somente às grandes obras geralmente qualificadas de culturais. Toda a vida cotidiana pode ser considerada uma obra de arte. Em função, certamente, da massificação da cultura, mas também porque todas as situações e práticas minúsculas constituem a terra fértil sobre as quais crescem cultura e civilização. Sem que se possa aprofundar isto aqui[5] pode-se dizer que o interesse culinário, o jogo das aparências, os pequenos momentos festivos, as perambulações diárias e o lazer não podem ser mais vistos como elementos sem importância ou frívolos da vida social. Como expressões das emoções coletivas, constituem uma verdadeira *centralidade subterrânea*, um querer viver irreprimível que deve ser analisado. Há

---

[4] U. Eco. *Apostille au Nom de la rose*. Paris, Grasset, 1985, p.537. Cf. também sobre isso a análise da "pós-história" de A. Gehlen, apresentada por G. Vattimo em *La fin de la modernité*. Paris, Seuil, 1987, p.11 e seguintes.

[5] Cf. os capítulos sobre a aparência e a teatralidade em meu livro *A Conquista do presente. Por uma sociologia da vida cotidiana*. Rio de Janeiro, Rocco, 1984.

uma autonomia em formas banais da existência que, numa perspectiva utilitária ou racionalista, não possuem qualquer finalidade, embora não sejam menos carregadas de sentido, mesmo se este se esgota *in actu*.

O estar-junto moral ou político, na forma em que prevaleceu na modernidade, não passa da forma profana da religião. Ou, ainda, exprime a história da salvação, inicialmente cristã, espera da parúsia, e depois progressista, mito do desenvolvimento que dominou especialmente o século XIX. Mas, desde o momento em que o fundamento divino perde a sua substância e o progresso não é mais considerado como um imperativo categórico, a existência social é entregue a si mesma. Para ser mais preciso, a deidade não é mais uma entidade tipificada e unificada, mas tende a diluir-se no coletivo para tornar-se o *divino social*. Quando o mundo fica entregue a si mesmo e vale por si mesmo, cresce o que me liga ao outro, aquilo que se pode chamar de *religação*. É assim que compreendo a expressão de Nietzsche "a vontade de potência como arte"[6].

Na ótica moral, Deus é o único Grande Artista; ele ou os seus sucedâneos, Estado, História, Progresso, etc., o que dá no mesmo. É Dele (ou Deles) que depende a criação ou recriação de todas as coisas. Nisso se baseia a noção de *poder* que tanto obcecou, para enfrentá-la ou contestá-la, os tempos modernos. Essa é a *ultima ratio* da abordagem sociológica. O mundo entregue a si mesmo vai alicerçar-se na *potência* intrínseca que o constitui. A criação, nas suas diversas formas, jorrará de uma dinâmica sempre renovada e pluralista. As diversas situações sociais, os diferentes modos de vida e as mais variadas experiências poderão ser consideradas como expressões de um vitalismo poderoso. Tudo isso é outra maneira de exprimir o politeísmo de valores.

---

[6] F. Nietzsche. *La Volonté de puissance*. Fragmentos p.794-797. Uso o termo "religação" cunhado por Marcel Bolle de Ball. Sobre a dicotomia "poder-potência", remeto ao meu livro *A Violência totalitária*. Porto Alegre, Sulina, 2001.

Esses elementos podem servir de pano de fundo para a estética com sua função de ética. A experiência compartilhada gera um valor e funciona como vetor de criação. Mesmo que esta seja macroscópica ou minúscula ou que corresponda aos modos de vida ou à produção de arte. Engloba a totalidade da vida social nas suas diversas modalidades. É a partir de uma arte generalizada que se pode compreender a estética como faculdade de sentir em comum. Nesse sentido, retomo a concepção que tinha Kant da *aisthésis*: ênfase no *processo* que me faz admirar um objeto artístico e não no objeto em si.

O pressuposto sobre o qual se baseia essa hipótese, como já indiquei, é o vitalismo, que assume formas diversas. De minha parte, vejo-o, na atualidade, como ultrapassagem da separação estrita entre natureza e cultura, fundamento da episteme moderna. Ora, inúmeros são os indicadores da confusão entre esses dois polos. Ou, ao menos, da interpenetração deles, o que pode ser resumido nesta fórmula: culturalização da natureza, naturalização da cultura. Em outros termos, a relação com o meio social está indissoluvelmente ligada a tudo que remete ao meio natural. Não são poucos os campos em que essa *ecologização* do mundo aparece em toda a sua evidência. A natureza não é mais somente objeto a explorar, mas um parceiro obrigatório, o que se pode ver na maneira (e na matéria) de vestir-se, de alimentar-se e em tudo o que diz respeito à qualidade da vida, sem esquecer as filosofias de vida e os novos modos de produção. Não é difícil prever que esse vitalismo continuará a ganhar terreno.

No âmbito desta análise, o vitalismo postula a existência de uma criatividade popular, uma criatividade do senso comum, mesmo que seja uma criatividade instintiva, que serve de substrato para a diversidade da criação social. Para dar apenas um exemplo desse fenômeno, lembrarei que, numa época de desenvolvimento da sofisticação artística, a principal crítica contra a pintura de Courbet era justamente que ele destacava uma espécie de "produtividade natural e espontânea". Isso era muito povo e cheirava (mal diga-se de passagem) a terra. Ele produzia "suas obras tão simplesmente quanto um pomar produz as suas maçãs[7]. Esse julgamento intelectual traduzia bem a separação dominante e enraizada na doxa cultural. Como anedota, recordo, durante uma visita que fiz ao Museu de Montpellier, os comentários irônicos dos meus professores, um tanto constrangidos diante da bunda grande e demasiado *natural* da banhista que se tornou conhecida como *Percherona*. Seja como for, daí a razão da referência a Courbet, o naturalismo indica uma profunda simpatia, no sentido forte do termo, pelas pessoas e pelas coisas. Despreza a separação e os processos de distinção e privilegia as correspondência.

É justamente a correspondência que pode nos estimular a focalizar a nossa análise na emoção estética com seu caráter societal. A emoção como estrutura antropológica, cujos efeitos ainda devem ser estudados, e não como simples fenômeno psicológico ou um estado de espírito sem consequências. Isso nos permite considerar a ideia obsessiva do estar-junto como sendo essencialmente uma *religação* mística sem objeto particular. Assim como se pode considerar a arte como forma pura, é possível imaginar a sociedade simplesmente como capacidade de agregação. É nesse sentido que a emoção pode servir de cimento. Claro que este só se cimentará a partir de elementos *objetivos*: trabalho, ação militante, festas grupais, uso de uniformes, ações de caridade, etc. Mas tudo isso não passa de pretexto para legitimar a relação com o outro; uma Matéria-prima, de qualquer maneira, necessária, mas insuficiente. Isso pode parecer meio idealista ou espiritualista, até irritante para quem está habituado a medir tudo pelo parâmetro da eficiência racionalista, mas a efervescência contemporânea, inclusive nos seus aspectos mais chocantes, é uma realidade indiscutível. Melhor tentar compreendê-la.

A geopolítica não basta para entender as revoluções islâmicas. A crise econômica sozinha não explica a falência de uma

---

[7] Cf. M. Shapiro. *Style, article et société*. Paris, Gallimard, 1982: Coubert et l'imagerie populaire, p.296.

certa moral do trabalho. O marketing turístico não é suficiente para justificar as loucuras das multidões em férias. O desenvolvimento das seitas, o sucesso da astrologia e de outras manifestações da mesma ordem não podem ser reduzidos ao explica tudo da "ascensão do irracionalismo". Da mesma forma, as misturas políticas ou ideológicas não são apenas fruto do charlatanismo evidente dos profissionais da política ou dos fazedores de opinião. Enfim, o apetite comunicacional não resulta unicamente do desenvolvimento tecnológico.

Em todos esses casos, assim como em muitos outros, parece que estamos diante de uma verdadeira avalancha instintiva, uma espécie de *vis a tergo*, que estimula por toda parte e por qualquer motivo o gregarismo. Só interessa, na realidade, a atmosfera afetiva em que cada um se sente mergulhado. Daí ao vaivém de um grupo a outro, o desengajamento e a irresponsabilidade que marcam esta época, fenômeno que sintetizei na metáfora do neotribalismo. Em resumo, esboça-se um novo dado social que destaca a fusão sem levar em conta o seu *porquê*. Provavelmente essa fusão, repito, por mais chocante que seja, determine a nova forma de solidariedade nas sociedades complexas. Ao citar Nietzsche, salientei o vínculo estreito entre a potência e a arte. Sabemos o quanto certas visões proféticas desse autor são esclarecedoras do nosso tempo. O mesmo pode ser dito de um sociólogo francês, insuficientemente conhecido, contemporâneo de Nietzsche e bastante admirado por ele. Falo de J. M. Guyau que, especialmente em *A Arte do ponto de vista sociológico*, destacou muito a ligação existente entre a emoção estética, a solidariedade e a complexidade. Precisamos, claro, atualizar a sua análise, mas a sua intuição básica continua incrivelmente pertinente, ainda mais quando ele sublinha a importância do princípio da simpatia social[8].

---

[8] Cf. o livro maravilhoso, que citarei com frequência, de J. M. Guyau, *L'Art au point de vue sociologique*. Paris, Felix Alcan, 1920. E também o prefácio de A. Fouillée, p.V-VIII. De J.M Guyau pode-se também ler com proveito *Esquisse d'une morale sans obligation ni sanction*. Paris, Felix Alcan, 1935.

Guyau, com efeito, não deixa de observar que as nossas "faculdades simpáticas e ativas" são estreitamente ligadas e que é essa a ligação que determina a vitalidade de uma época e serve de fundamento a toda forma de socialidade. Nesse sentido, estética e ética estão juntas. Significa reconhecer a importância do imaterial no material. Essa é uma pista prospectiva de investigação sociológica num tempo em que sem falar, graças ao desenvolvimento tecnológico, da eficiência das imagens imateriais na mídia, as próprias empresas concentram esforços em investimentos imateriais para ganhar em competitividade. Seja como for, isso significa que no coração do real há um *irreal* irredutível cuja ação não pode ser menosprezada.

As sociedades mecânicas, das quais a modernidade é um bom exemplo, tendem a homogeneizar-se, tomando por fundamento um único valor ou um conjunto de valores diretamente operacionais. O mesmo não ocorre com as sociedades complexas que, por construção, são fragmentadas e nas quais fervilha uma multiplicidade de valores totalmente heterogêneos entre eles mesmos. Eis o paradoxo: essas sociedades são evidentemente politeístas, embora uma atmosfera específica as caracterize e elas produzam um *espírito do tempo* particular. Em suma, sem ter *unidade*, possuem uma *unicidade* irrefutável.

Essa unicidade resulta da estética que garante a sinergia social, a convergência das ações e das vontades e permite, mesmo conflitual, um equilíbrio, dos mais sólidos. Os historiadores mostram que a arte *stricto sensu* desempenhou papel decisivo em muitas civilizações; podemos imaginar que a vida cotidiana, como obra de arte, faça o mesmo nos dias de hoje. Emprego o termo "ambiência" propositadamente para descrever esse *espírito do tempo*, pois a ética da estética nessa atmosfera cotidiana nada tem de distintiva. Falei de fusão, mas talvez fosse o caso de dizer confusão, recorrendo a uma metáfora dionisíaca.

Uma pesquisa recente de opinião da S.O.F.R.E.S destacou o enfraquecimento do sentimento de pertença a uma classe social precisa (julho de 1987). Essa desafeição só pode aumentar, pois, se os organismos oficiais e a maior parte da sociologia continuam a funcionar com base nas eternas categorias socioprofissionais, parece que os signos de reconhecimento se elaboram transversalmente: práticas culturais, faixas de idade, participação em grupos afetivos. Em síntese, nas chamadas redes[9]. Em processos de massificação constante acontecem condensações e organizam-se tribos mais ou menos efêmeras que comungam valores minúsculos e, num balé sem fim, chocam-se, atraem-se e repelem-se numa constelação de contornos mal definidos e totalmente fluidos. Essa é a principal característica das sociedades pós-modernas.

A unicidade dessa constelação é feita de cruzamentos e da conexão dos microvalores éticos, religiosos, culturais, sexuais e produtivos que, por sedimentação, constituem a base da comunicação. A estética tem por função alavancar a eficácia das formas de simpatia e o papel delas como cimento social num paradigma novo em esboço. Aceita a conexão orgânica que liga as pessoas, "as palavras e as coisas", admitida a ideia de que todas as situações, todas as experiências, por menores que sejam, participam de uma *ambiência* geral e destacada a noção de que os diversos imaginários irrigam profundamente a vida social, então, retomando uma expressão da Escola de Frankfurt, prevalece a atividade comunicacional para compreender o que chamo de ideia obsessiva do estar-junto.

A atividade comunicacional é altamente complexa e necessita de um instrumental teórico à altura do desafio. *A temática da atração* pode ser encontrada um pouco por toda parte[10]. Atração das sensibilidades, que podem gerar novas formas de solidariedade; atrações e repulsões que podem estabelecer o mapa de uma astrono-

---

[9] S.O.F.R.E.S, julho de 1987, análise publicada no jornal *Le Monde*, 11 de agosto de 1987. Sobre redes, tribos e transversalidade, cf. meu livro *O Tempo das tribos*, Rio de Janeiro, Forense-Universitária, 1988.

[10] Remeto à sociologia figurativa desenvolvida por P. Tacussel: *L'attraction sociale*. Paris, Méridiens-Klincksieck, 1984. E *Mythologie des formes sociales*. Paris, Méridiens-Klincksieck. Cf. também J. M. Guyau, *L'Art...*, op. cit., p.45.

mia social complexa, em que, sob a aparente divagação dos trajetos pessoais e tribais, estariam códigos, regras e costumes coercitivos, deixando pouco espaço para a vontade ou para o cálculo racional. À temática da liberação que, com suas diferentes modulações, desde o final do século XVIII, moveu a modernidade, sucederia assim a temática da atração, com sua conotação meio animal, ou com sua atmosfera, no mínimo, não racional.

Nesse sentido, tal temática pode dar novo sentido à metáfora do corpo social, empregada frequentemente pelos sociólogos, pois é justamente do corpo social que se trata na atração e na repulsão. Primeiramente do corpo pessoal, com seus *humores*, sua sensualidade, suas exigências e suas limitações; depois, do corpo que encontra e roça outros corpos; por fim, de um corpo coletivo, um *corpo místico*, segundo a tradição cristã, resultante dos fluxos, dos contatos, das tentativas de evitar-se, das acomodações induzidas pelo espaço partilhado. Todas essas coisas remetem à interatividade tão cara à teoria da comunicação. Acrescento a interpenetrabilidade dos corpos, cuja importância começa a ser percebida. Com efeito, a atração e a corporeidade andam juntas e, com maior ou menor intensidade, nossas teorias começam a levar em consideração esses fenômenos[11]. Com certeza, essa temática acentua o aspecto tátil da existência.

Os historiadores da arte, que falam da dimensão "háptica" (A. Riegl), observaram com razão o ressurgimento cíclico desse fenômeno, que traduz a conjunção de elementos sensuais: valorização da aparência, importância do hedonismo, desenvolvimento festivo (musical, esportivo), coisas que só fazem sentido pela presença do outro, pela presença diante do outro e que, também, para retomar uma observação das *Memórias de Adriano*, conduzem à "elaboração de um sistema de conhecimento humano baseado no erótico, uma teoria do contato" (M. Yourcenar). Com efeito, a

---

[11] Cf., organizado por J.M. Bertholet, o número 15 da revista *Sociétés*. Paris, Masson, 1987.

temática da atração leva a sério a ideia de corpo social, ou seja, o que faz de cada um elemento da totalidade. A ênfase é posta, então, naquilo de que todos participam, na soma mais do que nas partes.

Pode-se compreender assim a tatilidade contemporânea, esse horror do vazio que leva à participação grupal sem reservas e faz com que sem razão alguma a gente se reúna. Essa tatilidade pode ser considerada a forma contemporânea de uma relação com o outro que prescinde da mediação racional e utilitária. No limite, prescinde também do próprio sujeito, ao menos do sujeito como entidade separada, marca que aos poucos se consolidou na tradição ocidental. Na realidade, o processo de atração-repulsão e a sua "ambiência" estética enfatizam o global, e tudo isso favorece uma configuração social que tende a eliminar a separação entre objetivo e subjetivo. De maneira paroxística, encontra-se essa tendência nos pintores impressionistas, que buscaram superar a dicotomia sujeito-objeto e, como percebeu M. Shapiro, fazer com que a "distância original entre o homem e os objetos neutros em torno dele [fosse] absorvida pela submersão comum num estado passivo chamado de sensação"[12].

Talvez não seja adequado chamar essa sensação de *passividade*; na minha opinião, trata-se mais de uma *não atividade* meio vitalista ou panteísta, experimentada interiormente numa natureza não objetivada. A atração das sensibilidades é, como acabo de dizer, panteísta: todas as coisas participam do divino. Esse pensamento mágico não é bipolar, mas se faz presente numa multiplicidade de *lugares* igualmente numinosos.

Nesse sentido, é interessante observar a importância dos bestiários na vida cotidiana, na publicidade, na multiplicação dos animais domésticos, sem esquecer as expressões típicas das relações afetivas.

Há aí um naturalismo que lembra a função emblemática desempenhada pelo bestiário em outras épocas igualmente ho-

---

[12] M. Shapiro. *Style, artiste et société*, op. cit., p.338.

lísticas[13]. Cabe também fazer referência, sem lhe atribuir um valor pejorativo, ao fetichismo do espaço e dos lugares que o constituem. Inúmeras das suas expressões não deixam de ser criticáveis, entre elas os distúrbios provocados pela multiplicação desenfreadas de residências individuais no meio rural ou na periferia das grandes cidades. Claro que morar volta a ser um ato poético. Da mesma forma, a multiplicação das residências secundárias no campo, na montanha, na praia, enfim, a chamada *secundaridade*, é de fato o indicativo de uma busca de raízes. Reaparece por meio disso a força antropológica da *domus* antiga. Dimensão ctoniana do espaço: o que me liga à terra e às suas divindades é vetor de socialidade.

Poder-se-ia também fazer referência ao sucesso dos produtos caseiros da campanha e às festas a que servem de pretexto. Não faltam exemplos disso. Basta aqui destacar que, para além das polarizações categóricas (subjetivo/objetivo), típicas de um pensamento da separação em filosofia (natureza/cultura) e da análise da distinção em sociologia (classes, categorias socioprofissionais), enfrentamos, cada vez mais, uma série de curtos-circuitos permanentes, um vaivém constante que, para retomar uma expressão de A. Berque[14], obriga-nos a pensar a "trajetividade" em vigor na pós-história.

O indivíduo acaba imerso numa totalidade mais diferenciada. Talvez seja essa a lição essencial do paradigma estético. Já abordei longamente esse fenômeno em outros livros. Mas nunca é

---

[13] Remeto aqui à obra-prima de G. Durand, *As Estruturas antropológicas do imaginário*. Sobre uma aplicação das suas ideias à publicidade, cf. A. Sauvageot. *Figures de la publicité du monde*, Paris, PUF, 1987, em relação à emblemática do bestiário, cf. J. Baltrusaitis. *Le Moyen-Age fantastique*. Paris, Flammarion, 1981.

[14] Sobre a noção de "trajetividade", cf. A. Berque, *Le Sauvage et l'artifice*. Paris, Gallimad, 1986. Sobre a "secundaridade", ver a pesquisa de P. Sansot, H. Strohl, H. Torgue, C. Verdillon: *L'espace et son double*. Paris, Champ Urbain, 1979.

demais repetir uma tal constatação, pois é isso que permite pensar a configuração societal alternativa em esboço. Nietzsche observou corretamente: "Esse velho e ilustre *eu*... para dizê-lo em termos moderados, não é mais do que uma hipótese, uma alegação, sobretudo não é uma certeza imediata"[15].

Foi uma grande ousadia proclamar isso no auge do individualismo triunfante, pois foi justamente a partir da fortaleza do *eu* que a modernidade empreendeu a conquista da natureza e a regulação do mundo social. Trata-se de uma visão profética aguda que cumpre uma das tarefas do pensador. As fissuras às quais, para além das alegações, o filósofo estava atento tornaram-se progressivamente evidências massivas, ao menos para os que insistem em pensar sem preconceitos. De toda maneira, essas evidências foram percebidas pela maioria, pois, no que diz respeito a identidade ideológica, política, sexual, profissional, atualmente, estamos mais para "incertezas imediatas".

Essas incertezas de ordens diversas se exprimem na multiplicação dos prefixos *meta* ou *trans* (encontrados na moda, na teoria ou na observação jornalística) que estruturam as *culturas dos sentimentos* (*Gefühlskultur*). Estas podem ser imorais em relação às normas estabelecidas, mas não deixam de ser prospectivas. A trajetória delas é instrutiva: primeiro, são combatidas; depois, toleradas; em seguida, aceitas; por fim, pouco a pouco, capilarizam a totalidade do corpo social. Esse processo é conhecido. Quanto ao que nos interessa aqui, direi que ele me permite compreender o deslizamento de uma *lógica da identidade* para uma *lógica da identificação*. A primeira é essencialmente individualista; a última, muito mais coletiva.

A cultura do sentimento é, portanto, a consequência da atração. Cada um entra num grupo conforme as circunstâncias ou os desejos. Prevalece uma espécie de acaso. Mas o valor, a admiração,

---

[15] F. Nietzsche. *Par-delà le bien et le mal*. Paris, Aubier Montaigne, 1978, p.49.

o *hobby* e o gosto partilhados tornam-se cimento, vetores de ética. Para ser mais preciso, denomino ética uma moral "sem obrigação nem sanção", sem qualquer outra obrigação que não seja a de fazer parte do corpo coletivo; sem qualquer sanção que não seja a de ser excluído do grupo em caso de perda de interesse (*inter-esse*). A ética da estética faz do sentir algo junto com outros um fator de socialização.

Certamente um processo desses significa o fim ou, mais exatamente, a saturação dos valores gerais dominantes situados acima de todos e partilhados contratualmente pela maioria. A identificação liga cada pessoa a um pequeno grupo ou a uma série de grupos, o que implica uma multiplicidade de valores em oposição. Isso fez com que se falasse erroneamente em narcisismo. Erroneamente na medida em que se concebe habitualmente o narcisismo como recolhimento ao mundo individual. Em contrapartida, pode-se imaginar um narcisismo coletivo; para isso, basta vê-lo como produção e vivência de uma mitologia específica. Esse narcisismo coletivo enfatiza a estética, pois promove estilos particulares, um modo de vida, uma ideologia, uma maneira de vestir, um comportamento sexual, enfim, tudo o que é da ordem da paixão partilhada.

Vale insistir um pouco mais sobre a estreita conexão que estabeleço entre ética e estética. Os valores tribais sobre os quais se baseia o narcisismo coletivo é causa e efeito daquilo que a filosofia alemã chamou, com uma dessas fórmulas que só ela consegue conceber, de *Lebenswelt*, um mundo de vida. A característica principal desses mundos de vida é a inconsciência dos seus membros. Nesse sentido, podem ser comparados às epistemes de Michel Foucault ou ainda aos paradigmas de Thomas Kuhn[16]. É da ordem do *ethos* e do vitalismo já citados. Na base de toda representação ou de toda ação, há uma sensibilidade coletiva e uma colocação em comum extralógica

---

[16] Cf. a análise profunda feita por J.G Merquior. *Foucault ou le nihilisme de la chaire*. Paris, PUF, 1986, p.45.

que servem de fundamento à existência social. Nesse sentido, o *Lebenswelt*, esse mundo da vida, une de maneira não consciente. Trata-se de uma ética no sentido forte do termo, ou seja, o que me permite, a partir de alguma coisa exterior, um reconhecimento de mim. Essa outra coisa exterior pode ser um outro eu, outrem, um outro outro, um outro como outro, um outro como totalmente outro: a alteridade ou a deidade. Em qualquer caso, isso é o que importa, reconhecemo-nos no outro, a partir de outro.

Assim como o narcisismo coletivo, que é causa e efeito de uma mitologia comum (história de família, história de grupo...), uma obra de arte só tem sentido para os que nela se reconhecem e para quem a criou. Isso explica, de resto, a multiplicidade das obras culturais e as suas variações segundo os lugares e os espaços; o que pode ser considerado de mau gosto aqui e agora pode ter sido ontem, por aí, o suprassumo da arte. Como diz Guyau, "uma obra de arte só emociona aqueles que simboliza"[17]. Nesse sentido, pode-se vencer o grande obstáculo enfrentado pela estética, a arte pela arte, o formalismo. Este permite reconhecer a existência de uma autonomia das formas. Não uma autonomia em si, mas uma autonomia em relação às outras formas, uma autonomia relativa. Toda forma produtora de significação para um grupo determinado pode ser insignificante para outro. A forma, portanto, tem a ver com um grupo particular. É isso que eu chamei de *formismo* (*O conhecimento comum*, capítulo 4). Aquilo que permite a certo grupo constituir-se como tal, conservando-se totalmente autônomo em relação a outro grupo.

Essa função de reconhecimento, esse efeito estético de um determinado signo, é outra maneira de falar do simbolismo. Um simbolismo generalizado: num movimento sem fim de ações/retroações, reconheço um signo na relação com outros; assim, reconheço o que me une a outros. Evidentemente um processo desses,

---

[17] J. M Guyau. *L'Art...*, op. cit., p.38.

como já disse, não pode ser reduzido ao que chamamos geralmente de obra de arte. Essa função-signo, ou emoção coletiva em relação a um signo, pode exprimir-se graças a uma roupa, um comportamento, um gosto e, claro, à literatura, à música, etc. A admiração provocada por um desses elementos, ou por muitos outros, é vetor de organizações específicas. É bastante difícil dizer se a Associação dos Amadores de Linguiças Caseiras é menos importante do que a associação que se ocupa dos altos empreendimentos culturais de Cerisy-la-Salle. Cada uma, à sua maneira, tem uma função estética no sentido indicado antes: atração de sensibilidades.

Para abordar a ideia recorrente de estar-junto – que obceca a sociedade e o sociólogo –, é possível aceitar que todos os elementos englobados pelo termo "estética" (sensibilidade, sensação, sentimento, atração) são pontos de ataque pertinentes. Talvez seja preciso dizer, seguindo a oscilação característica das histórias humanas, conforme o mecanismo de saturação inerente a todos os fenômenos sociais, que o considerado frívolo num determinado conjunto civilizacional será determinante em outro. Assim, a estética, marginalizada na perspectiva finalista da história, pode tornar-se central na pós-história. Na primeira, cada coisa só tem valor na medida em que se inscreve numa mecânica evolutiva: o drama (no sentido etimológico do termo); nesta última, cada coisa, sendo elemento significante de uma organicidade, vale por si mesma. Daí o trágico do que se vive no presente.

Para ser mais preciso, pode-se dizer que numa visão de conjunto (o holismo ou aquilo que chamei de *unicidade*) pode existir sinergia entre a ética e a estética. Isso pode evitar, ao mesmo tempo, o formalismo da arte pela arte do estetismo e o dogmatismo moralizador do puritanismo político. Nesse sentido, é possível observar inúmeras atitudes, experiências e situações como sendo, para retomar uma expressão de Foucault, maneiras de "produzir a si mesmo como sujeito ético. Vê-se todo o interesse sociológico dessa perspectiva: muitas atitudes sociais consideradas frívolas ou imorais podem ser reconhecidas, fora de qualquer juízo normativo, como técnicas de autoconstrução, ou que têm uma função "ethopoética" (Plutarco)[18].

Estamos na presença de um corpo que busca se realçar e *epifanizar-se*. Isso pode ser visto nos espaços de isolamento sensorial, na moda em grandes cidades contemporâneas, nos diversos tipos de *body-building*, sem contar o hábito de correr e, claro, todas as técnicas de inspiração oriental. Vale destacar, contudo, que mesmo nos aspectos mais íntimos, esse corpo é *construído* para ser visto e é teatralizado ao máximo. Na publicidade, na moda, na dança, ele é ornado para ser exibido em espetáculo. Trata-se de uma socialização específica, talvez, mas que não deixa de apresentar todas as características da socialização: incorporar a um conjunto e transcender o indivíduo. Porém se dá ênfase a uma sensação coletiva e não mais a um projeto racional em comum. Mas o resultado não é diferente: fazer participar de um corpo geral, um corpo social. Nesse sentido, a estética, na acepção ampla do termo, pode ter uma função agregadora e fortalecer o que chamo de socialidade.

Para Durkheim, nos indivíduos assim como nas sociedades, o desenvolvimento exagerado das faculdades estéticas é um grave sintoma do ponto de vista da moralidade[19]. Trata-se de uma observação típica da sensibilidade teórica que procede a partir de uma lógica do *dever-ser*. A sociologia de Durkheim é, quanto a isso, a ilustração perfeita de um pensamento que se pretende a serviço do progresso da humanidade. Com menos talento, é verdade, muitos são os que continuam a disseminar o credo moralizador de Durkheim. Parece-me que a noção de narcisismo coletivo pode estimular-nos a reconhecer que, embora focalizado no mais próximo, ou seja, no corpo, o movimento *tribal* não deixar de produzir uma ética, inquie-

---

[18] Sobre a autoprodução e a citação de Plutarco, cf. M. Foucault. *L'usage des plaisirs*. Paris, Gallimard, 1984, p.19. Sobre a ligação entre ética e estética a partir de uma análise de J. Joyce, cf. H. Broch, *Création littéraire et connaissance*. Paris, Gallimard, 1966, p.212.

[19] E. Durkheim. *De la division du travail social*. Paris, PUF, 1960, p.14.

tante, talvez, mas nem por isso menos sólida. Aceitar isso, para os que se sentem, antes de tudo, apegados à lucidez, pode, por um lado, levar a uma maior prudência nos julgamentos e, por outro lado, a mais ousadia no sentido de um pensamento que, fora das certezas tranquilizadoras, está apto a compreender o aspecto prospectivo de tudo isso que está nascendo ou renascendo. No caso, depois do *homo politicus* e do *homo economicus*, não estamos diante do surgimento do *homo aestheticus*?

II.
A PROSTITUIÇÃO COMO FORMA
DE SOCIALIDADE

1. Prostituição sagrada e social

Ao sugerir, faz alguns anos, que a "sociologia era, antes de tudo, o estudo da sexualidade", ou ao propor o tema do "orgiasmo"[20], eu pretendia salientar, por um lado, que a expressão dos sentimentos e das paixões coletivas não podia ser considerada menos importante e, por outro lado, que o "instinto das combinações", a "persistência das agregações) e o papel da "efervescência" no "tônus moral" (Durkheim) tinham uma função incontestável em toda formação social. De uma maneira mais clássica, poder-se-ia ter dito, retomando M. Scheler, que os "fenômenos da simpatia são de grande interesse para a sociologia"[21].

Pode ser que isso tenha sido considerado frívolo ou totalmente inadequado. Contudo, ao insistir que uma das principais tarefas da sociologia é compreender os movimentos de base que

---

[20] Cf. M. Maffesoli, "sobre a socialidade", *A Sombra de Dionísio – contribuição a uma sociologia da orgia*, Rio de Janeiro, Graal, 1985.

[21] V. Pareto. *Traité de sociologie générale*. Genebra, Droz, 1968, p.533 e p.991: "Certas combinações constituem um agregado de partes estreitamente unidas, como num só corpo que acaba, de alguma maneira, por adquirir uma personalidade semelhante à dos seres reais" (E. Durkheim. *Les formes élémentaires de la vie religieuse*. Paris, PUF, 1968). Quanto ao que nos interessa aqui, cf. a abordagem que vai da constatação de que o "homem é duplo" (p.23) até uma das observações finais: "Chegará o dia em que as nossas sociedades experimentarão novamente momentos de efervescência criadora ao longo dos quais surgirão novos ideais... Esses momentos os homens sentirão necessidade de revivê-los... através de festas que, regularmente, atualizarão os seus frutos" (p.611) (M. Scheler. *Nature et forme de la sympathie*. Paris, Payot, 1928, p.10 e seguintes).

marcam uma época e ao continuar a pesquisa sobre as *formas*, banais ou paroxísticas, da socialidade, vou procurar mostrar, através da metáfora da prostituição, que a relação com a outra é questão primordial de toda sociedade. De uma maneira não evolutiva, mas antes cíclica, essa relação se modula diferentemente. Por "saturação" (Sorokin), o dominante tendendo a ceder o seu lugar ao que se encontrava em posição secundária. É assim que a relação com o outro como entidade bem específica tende, às vezes, a subsumir-se numa relação com a alteridade em que não é o indivíduo o fator essencial, mas uma forma de harmonia societal. Nessa perspectiva, podemos abordar, muito rapidamente, a doação de si, do outro, do corpo.

Cabe observar, como tese inicial, que na socialidade hospitaleira, da qual se vai tentar falar, a sedentaridade e a errância são vividas nessa unicidade designada por Simmel como da "distância e da proximidade". Aquilo que ele diz em relação ao estrangeiro pode aplicar-se à hospitalidade: "A distância dentro da relação significa que o próximo é distante, mas, pela própria alteridade, significa que o distante é próximo"[22].

Na hospitalidade, o errante e a desordem que traz do exterior são temperados, ou mesmo domesticados, colaborando para a harmonia, o "tônus social", de uma determinada formação. Essa atitude determina toda uma relação com o corpo. Com efeito, mais do que o capital acumulado, conta a despesa quitada e uma errância equilibrada e vivida coletivamente.

A prostituição, pois é dela que se trata aqui, remete também a uma origem religiosa. É indispensável fazer uma rápida referência a essa origem. A história das religiões é cheia de exemplos nesse sentido. Numa comparação entre Shiva e Dionísio, Alain Daniélou mostra que a prostituição sagrada permitia, sem finalidade de procriação, que alcançassem o êxtase o errante, o pobre, o monge e o

---

[22] G. Simmel. "Digression sur l'étranger", in *L'École de Chicago*. Paris, Champ Urbain, 1979, p.53.

homem casado. Na Índia, no mundo grego e também entre os hebreus, a prostituição sagrada feminina e masculina era muito desenvolvida. Assim como outras profissões, estava organizada em associações, com regras, usos e costumes[23]. Trata-se, de toda maneira, de um serviço divino, ligado, de resto, às belas-artes, que permite *stricto sensu*, sair de si (êxtase) e a diluição do indivíduo em algo mais amplo. Unidade da distância e da proximidade, transcendência imanente, o caráter sagrado da prostituição tem a função de harmonizar os contrários. Fazer dom do corpo, no âmbito de um panteísmo social, é para homens e mulheres que se prostituem uma obrigação religiosa. Com isso, mantém-se o equilíbrio cósmico e societal.

Heródoto observa que em todos os lugares sagrados há escravos a serviço do templo ("hierodulus"). Só bem mais tarde o cristianismo conseguiu até certo ponto anular esse hábito. Mas, ainda assim, muitos lugares católicos de peregrinação, graças ao aspecto efêmero dos encontros e à atmosfera passional que desencadeiam, servem de ocasião para interações bem pouco morais. Uma análise sociológica das peregrinações a Lourdes, por exemplo, ajudaria a explicar a atração que essa cidade exerce sobre espíritos descrentes, mas sensíveis a alguns valores sensuais.

Vencendo as resistências do corpo, como recomenda a tradição dionisíaca, os "hierodulus", na Grécia, no Egito, em Roma, na Sicília etc., fortaleciam um querer-viver coletivo. A circulação do sexo, assim como a circulação de bebidas fermentadas, enraíza o *estar-junto* no seu substrato natural. O culto priápico que o acompanha (presente no culto a muitos santos cristãos) é a expressão mais acabada disso. Mesmo de uma forma improdutiva, o "hierodulismo" é associado às divindades geradoras. A prostituição sagrada leva às últimas consequências a lógica do dom que atua no eros. Como exemplo, pode-se lembrar que nas "tesmoforias" gregas, essas festas de mulheres em homenagem à deusa Deméter,

---

[23] Cf. A. Daniélou. *Shiva et Dionysos*. Paris, Fayard, 1979, p.268.

a prostituição sagrada era exercida em público, mostrando assim que o sexo livre era de todos. Tais espetáculos não perdiam em nada para as *life-shows* de hoje.

Acredito mesmo que faz parte da lógica dessa prostituição exibir-se e ser espetacular. Assim, nas cidades romanas que tinham uma capela à Príapo, "mulheres, tão devotas quanto lúbricas, ofereciam publicamente (ao deus) tantas coroas quantos fossem os sacrifícios feitos por seus amantes para obter os seus favores... Messalina, depois de ter derrubado 14 atletas vigorosos, foi declarada invencível e, em memória desses 14 sucessos, fez a oferenda de 14 coroas ao deus Príapo"[24]. A prostituição espetacular tem assim toda uma eficácia simbólica. Mesmo se as suas divulgações são menos retumbantes, embora não menos reais, a libertina do século XVIII ou a semimundana do século XIX, não deixam de anunciar o número dos seus amantes ou dos que por elas suspiram. Da mesma forma, as garotas atuais dos bandos de bairro ou de lugarejos sentem o mesmo orgulho das suas conquistas que a moça de boa família experimentava ao exibir um carnê de baile repleto.

Pode-se dizer que essa espetacularidade remete à eficácia simbólica, pois o sexo, cuja tendência é ser privatizado, volta assim, ritualmente ao circuito comum. Restabelece-se a reversibilidade. A exemplo do culto à divindade geradora, que permite o vaivém entre o cósmico e o social, a prostituição sagrada e espetacular restaura a socialidade de base esquecida pela atomização e pela autonomização. Na prática da cópula em público, *stricto sensu* ("hierodulismo") ou de uma maneira eufemizada (cortesãs, mundanas etc.) o corpo coletivo é rememorado. Bem entendido, uma anamnese dessas não é fácil e não acontece sem crueldade nem conflito. Nem tem por conseqüência uma unanimidade paradisíaca e sem ressalvas. A violência faz parte desse jogo, com os estragos imagináveis, mas também com um aspecto de fecundação. Talvez na coenestesia social uma violência dessas seja sentida como uma saída contra o tédio mortal de uma

---

[24] J.A Dulaure. *Des divinités génératrices*. Paris, 1905, p.135.

vida asséptica. Vale mais destilar uma pequena dose de violência irreprimível do que ser tragado depois por uma explosão.

No que diz respeito à nossa tradição, não se deve esquecer de que os primeiros cristãos foram criticados pela prática de comunidade sexual. Posteriormente, com frequência, essa prática foi atribuída a inúmeras seitas cristãs ou gnósticas. Citarei apenas algumas: os discípulos de Florian e de Carpocrate apagavam as luzes, no fim do culto, e entregavam-se a práticas libidinosas sem fazer distinção de sexo[25]. O mesmo faziam os nicolaitas e os ebonitas. Epifânio chega a relatar que o *sêmen viril* era administrado como sacramento[26]. Os relatos desses heresiarcas dão conta somente da ponta do iceberg. Como sempre, a historiografia só interessa aos sociólogos como um indicador de práticas muito disseminadas que não encontraram um cronista.

A socialidade, em grande parte, sempre escapa à curiosidade dos analistas. Tudo o que se pode dizer é que existe uma lubricidade popular servindo de substrato a formas tipificadas e paroxísticas que, sem isso, permaneceriam inexplicáveis. Pode-se formular a hipótese de que essas práticas remetem a uma resistência antropológica à injunção de identidade e ao princípio de individuação ou de privatização que, pontualmente, se afirmam nas estruturações sociais. A prostituição sagrada destaca a participação numa arquitetônica cósmica da qual a paixão é um elemento. A Ordem dos Templários, se acreditarmos nos autos do processo, fizera do "tudo a todos" uma necessidade espiritual. "Eles se obrigam por um voto... a entregar-se a qualquer um deles, sem recusa, se requisitados". Quando um noviço era recebido, declaram-lhe: "Se um irmão de ordem quiser ter relações carnais, deve ser atendido, pois assim deve ser e, pelo estatuto da ordem, cada um deve submeter-se"[27].

---

[25] "In ecclesia sua post occasum solis lucernis extincis misceri cum mulierculis, Philastrius, *De Haeresibus Liber*, CLVII.

[26] Cf. Epifânio. *Panarium*. V.1, p.72 e seguintes.

[27] *Le dossier de l'affaire des Templiers*, S. Aizeraud, editor, Paris, Belles Lettres, 1964, p.19-29.

Trata-se de uma paixão sensual inscrita numa iniciação espiritual. É um sacramento litúrgico (cf. o romanesco Baphomet de Klossowski) que torna visível a graça e a virtude do estar-junto. Há por voto uma desapropriação da pessoa ilusória em benefício de uma agregação orgânica ao corpo coletivo. Como indica o texto, esse dom por alguém da sua pessoa pode ser ascético. Atualiza, de maneira meio pagã, o sacrifício de Cristo, que também fez dom da sua pessoa para resgatar-nos do pecado original, esse ato pelo qual o indivíduo se separa da deidade, do grande tudo, ou seja, privatiza-se.

Walter Benjamin fala, a respeito da prostituição, da "sexualização do espiritual" e explica que essa situação ocorre quando se abandona todo sentimento privado, toda vontade ou espírito privado[28], o que acontece quando nos entregamos inteiramente a uma obra, ao espírito ou ao prazer. A Erótica da qual se trata aqui alcança toda a sua dimensão. Não se limita à sexualidade. Tem uma função ética, da qual o dionisíaco é o paradigma, sair de si, romper de maneira pluridimensional a clausura do corpo individual para participar da embriaguez coletiva que, como um fio condutor, de uma maneira explosiva e manifesta ou subterraneamente discreta garante o equilíbrio e permanência da socialidade. Só assim é que se pode compreender Charles Baudelaire quando ele declara, em *Meu coração posto a nu*:

> Que é o amor?
> A necessidade de sair de si.
> O homem é um animal adorador.
> Adorar é sacrificar-se e prostituir-se.
> Todo amor é também prostituição.

A referência à história das religiões não deve fazer esquecer que elas são, antes de tudo, sociais. Durkheim e M. Weber mostraram, cada um à sua maneira, que o corpus religioso permite uma

---

[28] W. Benjamin. *Correspondances* – tomo 1, 1910-1928. Paris, Aubier-Montaigne, 1979, p.63.

análise do todo social. Assim, a referência à prostituição sagrada leva-nos naturalmente a sua ação profana, embora essa dicotomia talvez não tenha fundamento.

Verrier Elwin, em *Casas de jovens entre os Muria*, não usa o termo prostituição; contudo, a função das "casas de jovens" diz respeito ao sexo e remete justamente a essa superação do privado, característica do que se chama de prostituição. Nelas, os jovens Muria adquirem o sentido do coletivo. A circulação do sexo é assim uma boa socialização. Sem querer ser exaustivo, pode-se observar que o *ghotul* dos Muria (Bastar) lembra o *bai* das Ilhas Pelew, o *potuma* da Nova Guiné britânica, o *bukumatula* das Ilhas Trobriand, o *wharée matoro* da Polinésia, o *imeium* das Novas Hébridas, etc. Verrier Elwin cita instituições semelhantes nas Filipinas, na América do Sul e na África[29]. Em cada caso, trata-se de dormitórios ou de espaços comuns reservados onde a comunidade juvenil organiza e gere sua vida cotidiana e seus afetos. A intimidade amorosa é ali limitada no tempo, até mesmo, às vezes, submetida a regras muito precisas e limitadoras. O antigo pastor anglicano, fascinado pelo seu objeto de estudo, não pôde impedir-se de destacar a realização ou a forte moralidade resultantes dessa experiência afetiva e sensual em comum.

O amor livre que reina nesses espaços – livre em relação ao objeto amado e, na maior parte do tempo, em relação à procriação – é considerado pela comunidade uma verdadeira iniciação à abertura e à vida coletiva. Não é certamente por acaso que essas casas de jovens oferecem hospitalidade, no sentido mais amplo do termo, a todos os estrangeiros de passagem. A metáfora da distância e da proximidade, que utilizei para designar a prostituição, encontra nisso um exemplo. Tanto no que diz respeito aos hábitos do *ghotul* quanto ao que se refere aos hóspedes de passagem, os laços interpessoais são, ao mesmo tempo, estreitos e flexíveis. Não fazem sentido em relação ao indivíduo específico, mas remete à comunidade,

---

[29] Elwin Verrier. *Maisons des jeunes chez les Muria*. Paris, Gallimard, 1959, p.68.

que permanece a última referência. Distante da aldeia, contudo atrelada organicamente a ela, a casa dos jovens, no que Charles Fourier chamaria de borboletear das paixões, é uma verdadeira propedêutica à arquitetura da socialidade.

Mais próximo da nossa era cultural, o legislador Sólon introduz lupanares em Atenas. Em Roma, Catão, de quem se conhece o rigor moral, aconselha os jovens a frequentarem tais lugares. Sócrates, segundo Xenofontes, leva ele mesmo os seus discípulos aos lupanares[30]. Certamente pode-se fazer objeção, quanto aos dos primeiros, que se trata de preservar assim, num espírito econômico, as mulheres casadas, mas talvez se trate mais de favorecer ou de consolidar a *virtu* própria da cidade, ou seja, o que faz uma comunidade reconhecer-se com tal. Nessas medidas, de maneira mais ou menos consciente, está em questão a superação de uma moral estritamente privada que encerra o indivíduo na sua integridade abstrata.

O uso comum das mulheres, acompanhado, de resto, do uso comum dos jovens efebos ou de um belo "Giton", remete ao simbolismo da troca, da comunhão, da reversibilidade. A ficção e a história estão aí para testemunhar que os laços sociais mais sólidos enraízam-se nas paixões comuns. Os mitos não têm outras funções que não seja a de narrar como ritual os grandes feitos e as minúsculas situações vividas por um povo. Nesse sentido, a prostituição, na sua acepção mais forte, cívica, relembra o parentesco essencial e orgânico de uma coletividade.

Certamente foi por causa dessa função que se reservava um lugar de honra para os favoritos ou favoritas nas manifestações oficiais, cortejos e outras representações. Claro que esse lugar era justificado pela vontade particular de um monarca ou de um notável qualquer, mas a preferência privada, versátil e efêmera, encontrava respaldo numa ação social, possivelmente antropológica, de longa

---

[30] Xenofontes. *Mémorables*, III, 11. Cf. V. Pareto, *Le mythe vertuiste et la littérature immorale* (obras completas, organização de G. Busino, t. XV, Genebra, Droz, 1976, p.36), que aproveita para relativizar uma moral particular.

duração. Para dar o devido destaque a isso, na China antiga, as cortesãs tinham funções precisas e reguladas nas cerimônias de casamento. Não concorriam com a sexualidade sedentária e só representavam o aspecto de divagação, personificando a "via da mão esquerda". Van Gulik analisa com precisão todo esse papel civilizacional das cortesãs chinesas, cuja profissão era organizada e sabia defender-se, sendo que a força dessas mulheres vinha do fato de que, em paralelo ao costume social (no caso, a errância ritualizada), elas favoreciam o desenvolvimento dos "talentos da sociedade": a dança, o canto, a literatura, a arte de receber e de dar-se etc.; coisas que essas cortesãs sabiam praticar com rara felicidade[31].

Assim o sexo promove um refinamento que só pode ser alcançado, na maior parte do tempo, pela multiplicação das relações numa esfera ampla. Sem dar importância indevida aos qualificativos mais ou menos infamantes dirigidos às casas de vida alegre, sobre as quais não faltam histórias, é certo que elas tinham uma função complementar de educação. Ao lado das diversas artes ensinadas então, aprendia-se a arte da conjugação, essa arte que obriga a sair de si e a considerar a alteridade como um elemento estrutural do fenômeno individual e social. Mesmo se uma lógica do *dever-ser* conseguiu, durante algum tempo, relegar às trevas da barbárie o papel civilizacional da prostituição e mesmo se essa teve e tem, naturalmente, como toda instituição humana, aspectos pouco edificantes e manifestações letais, não se pode negar que das casas gregas aos lupanares medievais, passando pelos banhos públicos romanos, está em jogo também a socialidade.

O "parlatório", encontrado em estabelecimentos orientais, nas saunas do império romano ou em casas do século XIX é, desse ponto de vista, instrutivo. Às vezes, mesmo, como puderam constatar inúmeros observadores, a circulação do sexo é secundária em relação à circulação da palavra, ou, mais exatamente, ambas

---

[31] Cf. R. Van Gulik. *La vie sexuelle dans la Chine ancienne*. Paris, Gallimard, 1971, p.230 e seguintes.

entram num circuito sem fim em que uma impulsiona a outra. Em todo caso, as duas preservam a fluidez indispensável a toda sociedade. Contra as forças instituídas que, por inércia sociológica bem conhecida, produzem esclerose, a palavra e o sexo borboleteiam como forças instituintes que acionam a dinâmica indispensável a uma coletividade viva.

A utopia pode ser bastante coercitiva, pois a sua necessidade abusiva de organização e de racionalização deixa pouco espaço ao movimento e ao aleatório, inclusive no que diz respeito à vida sexual. Pode-se, entretanto, observar que certos utopistas, como Fourier ou C.N. Ledoux, reservam, pela noção de "casa de volúpia", uma lugar ou não lugar à errância das paixões e dos afetos[32]. A perspectiva, afinal de contas moralista, da prospectiva utópica não pode impedir a expressão da perambulação existencial e da libertinagem amorosa. Dado que todos esses utopistas são obcecados pelo laço social, pelo estar-junto, acabam por reconhecer a virtude do que se chama de vício.

Em síntese, em toda forma social, a circulação amorosa enraizando-se na reversibilidade cósmica de todas as coisas serve de antídoto ao congelamento identitário. Contra o comportamento rígido e fixo do instituído, a prostituição lembra que o corpo privado deve ao corpo coletivo a sua existência.

2. A hospitalidade

É certo que os poderes sempre tiveram uma relação ambivalente com a prostituição. Não farei aqui uma histórico, nem mesmo um resumo, da regulamentação da prostituição, mas indicarei a tendência geral. Da Idade Média ao século XVI, a prostituição corrente e pública passa a ser "tolerada" (casas de tolerância), o

---

[32] Pode-se aqui remeter a J. J. Wunenburger. *L'Utopie ou la crise de l'imaginaire.* Paris, Jean-Pierre Delarge, 1979, p.141-143.

que, como mostra A. Gras, é um bom meio de controlá-la[33]. Depois, a promiscuidade dos banhos públicos e o "perigo moral" das casas de todos os tipos deixaram de ser tolerados. As diversas formas de chateação policial prepararam o caminho para o higienismo do século XIX, cuja principal ambição era canalizar e tornar produtiva toda energia, inclusive a energia sexual. O cadastramento de todas as moças de vida fácil, sugerido pelo Dr. Strohl, de Estrasburgo[34], é o triunfo lógico de uma nova ordem moral.

É também o triunfo da dessacralização da função antes desempenhada pela prostituição, a marca do desencantamento do mundo. Catalogadas, as garotas tornam-se meros objetos econômicos que pervertem um corpo sadio. Esse processo é conhecido e não será necessário dar mais detalhes dele. No que se refere ao século XIX foi extraordinariamente estudado, especialmente por A. Corbin, que descreveu esse vasto movimento de domesticação, *stricto sensu*, e de atomização. O resultado foi uma sociedade asséptica e destituída de sensibilidade.

Dito isso, sempre é interessante prestar atenção em tudo o que, pela astúcia, furar o bloqueio dessa nova ordem. No século XIX, o imoralismo do povo é reconhecido, resta-nos constatar isso. Sem contar os escritos dos moralistas, todos os tipos de romance falam disso. Vejamos o que se esconde por trás desse julgamento. É certo que designa uma mancha negra do moralismo produtivo, ao mesmo tempo que implica o reconhecimento de uma *terra incognita* pelos que têm uma vocação prometeica de conhecer tudo. Enfim, é a prova de uma resistência popular difícil de ignorar. Mas esse não é o objeto da nossa reflexão; com efeito, nesse período, os mesmos que impõem a nova ordem moral são os primeiros a desobedecer.

Claro que se pode ver nisso o cinismo dos poderosos, sempre prontos a não se submeter às regras que impõem aos outros. Mas, talvez, seja o caso de perguntar se não se trata de um vestígio

---

[33] Cf. A. Gras. *Sociologie des ruptures*. Paris, PUF, 1979, p.170 e seguintes.
[34] A. Corbin. *Les filles de noces*. Paris, Aubier, 1978, p.50.

da estrutura da qual falei até agora. Assim, mais do que um disfuncionamento social, como parece ver A. Corbin (op. cit., p.46), o fato de que muitos jovens burgueses sustentem várias prostitutas pode significar uma maneira de participar coletivamente a uma comunhão do sexo. Talvez tudo isso seja apenas uma modulação específica do ritual sexual da promiscuidade. Essa hipótese não é apenas um mero paradoxo. Quando estudantes na farra fazem um "ás de coração", ou seja, jogam cartas para saber quem terá o direito de ir para a cama com uma garota, não seria possível ver nisso uma simples medida econômica, ainda que a economia tenha seu papel nisso. Numa grande escola, ainda hoje, os estudantes passam o chapéu para juntar dinheiro suficiente para uma ou duas noites de amor.

Em todas essas práticas, é possível ver um processo de participação simbólica e a busca de uma interação profunda entre os indivíduos. Neste último exemplo, especialmente, o feliz ganhador deve recompensar os outros pela sua noite de amor contando-a em detalhes aos amigos. Através da palavra, o prazer sentido é coletivizado e entra num processo de reversibilidade. Tentar escapar à reversibilidade significa excluir-se da comunidade e romper um acordo tácito sempre em vigor.

Os romances do século XIX dão muitos exemplos de comunhão e de confusão, mesmo parcial, de afetos e de paixões (Huysmans, Zola). Penso, por exemplo, em *La curée*, de Zola, especialmente na parte em que Saccard, Renée, Maxime, o pai, sua mulher e seu filho praticam à luz do dia, sem disputas, os seus vícios. Cito esta passagem sugestiva: "A idéia de família foi substituída entre eles por uma espécie de sociedade cujos lucros eram divididos em partes iguais; cada um tirava o seu prazer no negócio e estava entendido que consumiria a sua parte como bem entendesse; passaram a satisfazer-se uns diante dos outros, a exibir tudo, contar tudo, sem despertar nada mais do que um pouco de inveja e de curiosidade" (capítulo 3).

O romancista cristaliza maravilhosamente as características essenciais da comunhão do vício, a qual, entre outras coisas, parece-me ser determinante para a socialidade. A autonomia de cada um, que é real, só ganha sentido e torna-se compreensível numa organicidade mais ampla. O aspecto espetacular da libertinagem permite que se tenha o controle para que a organicidade não seja perdida. Mais uma vez, a figura da máfia é, de qualquer maneira, ilustrativa, pois se constitui de solidariedade e de resistência contra o exterior, além da partilha dos frutos do vício, com margem de manobra para cada um dentro de limites previamente estabelecidos[35]. A falta de consciência ou a menor vontade são o que me parece caracterizar mais perfeitamente o mecanismo da circulação generalizada do sexo também conhecido por prostituição.

Essas rápidas informações serviram para relembrar elementos remanescentes do que poderia ser uma estrutura essencial do fenômeno social. Com efeito, tem-se aqui essa duplicidade que relativiza fortemente a eficácia da coerção. Os valores são aparentemente aceitos para que possam ser mais facilmente distorcidos. Mais uma vez, essa prática não é necessariamente consciente e menos ainda verbalizada; é a manifestação quase intencional de um querer-viver irreprimível. Assim, no sentido que V. Pareto dá a esse termo, os *desvios* (moral, justificações, teorizações, legitimações, ideologias...) podem variar e mudar. Já os resíduos têm uma grande estabilidade. Abrir-se à alteridade, sair de si, pode ser um desses resíduos.

Reconhece-se no culto de Dionísio ou de Shiva uma tradição primordial, uma religião da natureza baseada numa íntima ligação do cosmos e do microcosmos. Ora, nessa tradição, a prostituição (sagrada e social) é um elemento importante da ética do grupo. Um texto em sânscrito, o *Linga Purana*, precisa quanto a isso: "Venerar um hóspede é a melhor maneira de obter méritos. O sábio Sudarshana (Belo de ver), que desejava por suas virtudes vencer o deus da morte, disse um dia à sua casta esposa: 'Você nunca deve recusar-se a honrar um hóspede. Um viajante é sempre a ima-

---

[35] Cf. F. Ianni. *Des affaires de famille*. Paris, Plon, Terre Humaine, 1973.

gem de Shiva e tudo lhe pertence'. Dharma (a lei moral) assumiu, então, a aparência de um monge errante e aproximou-se da casa do sábio ausente. A esposa de Sudarshana ofereceu-lhe a hospitalidade costumeira. Uma vez satisfeito, o monge disse: 'Estou farto de arroz cozido e de outros alimentos, você deve agora entregar-se a mim'. Ela se entregou, então, a ele. Foi aí que Sudarshana voltou e chamou a esposa. O hóspede respondeu: 'Estou fazendo amor com a tua mulher. Diz simplesmente o que devo fazer, pois já terminei, estou satisfeito'. Sudarshana disse-lhe: 'Excelente homem, desfrute em paz o seu prazer, vou me afastar por um momento'. Dharma, então, revelou-se e disse-lhe: 'Por esse ato de piedade tu venceste a morte'" (citado por A. Daniélou, op. cit., p.269). Às vezes, o sábio participa dos jogos amorosos para melhor honrar o seu hóspede de passagem.

Essa parábola não deixa de ser interessante e ressalta, entre outras coisas, que a circulação do sexo é uma maneira de vencer a morte. A hospitalidade é assim uma maneira ritual de garantir a continuidade da existência. Nesse sentido, trata-se de uma obrigação ética, cujo mais alto grau é alcançado pelo sábio que soube se despojar da pequenez que em geral limita o indivíduo. Metaforicamente ainda, essa vitória sobre a morte deriva do fato que o sedentário (o instituído, o estabelecido) acolhe o errante (a desordem, o instituinte). Essa acolhida, como já se disse, rompe a esclerose mortífera do enclausuramento e restabelece um equilíbrio necessário à manutenção da ordem. Epifânio, no seu *Panarium*, relata que se atribuía aos gnósticos práticas lascivas de hospitalidade, visto que a prostituição e a partilha das mulheres, coisas que pareciam muito disseminadas no Oriente assim como no Ocidente, coincidiam com a doutrina deles[36]. Outra vez, nuançadas as mesquinharias da acusação, *a caridade com o hóspede* dos gnósticos é uma obriga-

---

[36] Cf. a esse respeito a surpreendente obra de um erudito do século XVIII, R. P. Knight, *Le culte de Priape*, Londres, 1996, tradução francesa, sem data, p.162 e seguintes.

ção espiritual ou ética que anda junto com a busca de uma vida perfeita, de uma vida que seria a união completa com a deidade, sendo o hóspede, o estrangeiro, sempre um enviado do deus.

Segundo o velho princípio *do ut des*, dar ao representante de deus algo que me é caro significa receber em dobro: bens, existência, felicidade, sabedoria etc. Não se trata de uma visão meramente econômica, a não ser no sentido, imaginado por Bataille, de uma economia geral[37], na qual tudo participa, num processo sem fim, cuja interrupção seria nociva ou vã. Malinowski observa que esse dever de hospitalidade sexual, do qual seu livro dá inúmeros exemplos, é moeda corrente entre os nativos de Trobriand. Manter relações sexuais com o estrangeiro de passagem é um dever difícil de ser descumprido[38]. É certo que essa prostituição participa do equilíbrio cósmico e societal do qual já falei. O mais surpreendente é que essa liberdade alcance o seu máximo durante as "expedições comerciais Kula". Sabendo-se da importância dessas trocas para essas sociedades primitivas, assim como de outras práticas semelhantes, pode-se imaginar as suas consequências na continuidade da vida social. Conforme as descrições do etnólogo, essa hospitalidade geral faz parte de um ritual em que se encontram de maneira quase perfeita a tripartição antropológica da troca: bens, palavra, sexo. Claro que essa socialidade perfeita só é um momento paroxístico, mas condensa o que depois vai se capilarizar na vida cotidiana.

No sentido mais nobre, trata-se de uma poligamia funcional que foi, de resto, muito bem estudada entre os esquimós (P. Farb) ou ainda entre os indígenas da América do Sul (P. Clastres)[39]. Essa troca é, ao mesmo tempo, causa e efeito do laço social; concretiza e sela vínculos de parentesco que remetem à noção de família amplia-

---

[37] G. Bataille. *A Parte maldita*. Rio de Janeiro, Imago, 1975.
[38] Cf. B. Malinowski. *La vie sexuelle des sauvages du nord-est de la Mélanésie*. Paris, Payot, 1970, p.190, 231-234.
[39] Cf. P. Farb. *Les Indiens, essai sur l'évolution des sociétés humaines*. Paris, Seuil, 1972; P. Clastres. *La Société contre l'État, recherches d'anthropologie politique*. Paris, Minuit, 1974.

da. Mas, em todos os casos, é notável que permite estreitar os laços, enfrentar as pressões sociais ou a adversidade natural potencial ou imediata. Nesse sentido, pode-se interpretá-la como uma expressão da astúcia popular ou ainda como a manifestação de uma cenestesia societal flexível, mas potente, capaz de explicar, apesar dos múltiplos avatares que conhecemos, a extraordinária solidez das sociedades. Para além da estreita limitação privada, a prostituição de si e o dever de hospitalidade são tomados como o laço simbólico por excelência de que é tecida a trama societal.

Seria possível, naturalmente, multiplicar os exemplos disso, pois a literatura sobre o assunto é ampla. Mas as rápidas informações que apresentei indicam a tendência geral do que de maneira dominante ("hierodulismo") ou dissimulada ("casas", adultério, todos os tipos de perversão) atravessa o corpo social. Claro que a civilização dos costumes derivada do progressismo ocidental obrigou justamente essa tendência a expressar-se em *mezzo voce*, mas, como acontece frequentemente, o escondido não é menos eficaz. Além disso, toda uma série de indicadores levam a pensar que o enérgico Prometeu começa a passar o bastão ao inominável Dionísio. Entre esses indicadores, caberia analisar, fora de todos os preconceitos morais (existentes à direita e à esquerda) ou estéticos, o desenvolvimento da oferta e de demanda de pornografia. Não é certo, como parecem acreditar os últimos representantes da crítica radical, que se trate da expressão derradeira da alienação ou da "mercantilização" do homem. A multiplicidade de anúncios eróticos, as tipologias e as situações vulgarizadas pela imprensa pornográfica, as "surubas" ou outras formas de encontros amorosos, tudo isso parece indicar que se assiste ao ressurgimento do caos das paixões, o que chamei de confusão.

Na Itália, nem sequer é em lojas especializadas que se pode encontrar essa literatura com seus recados: um buquê de *pornosettimanale* desabrocha na banca de jornais da esquina a preços módicos. O essencial dessas revistas semanais é reservado aos recados com propostas de todos os tipos. Fora de toda avaliação normativa, limitando-se a constatar o que é, uma prospectiva sociológica só pode prestar atenção nesse fenômeno, que despreza a esfera privada assim como a moralidade pública. Mas permite reconhecer que, como periodicamente na história humana, o corpo privado, que se tentou coagir, e o corpo social, que se tentou tornar asséptico, tendem a superar-se numa outra entidade ainda mais inquietante. Mas, sem cair num obscurantismo sem horizonte, talvez não se deva temer esse "corpo multiplicado". Quem sabe ele não é uma força viva agindo sobre a razão?

Já Gabriel Tarde, no seu trabalho sobre a moral sexual, observava que "a moral de amanhã corresponderá ao que foram as convicções de amanhã quanto à importância, à natureza e à significação das relações sexuais"[40]. Eis uma sábia lucidez a ser invejada pelos seus pálidos discípulos. A concepção do indivíduo, da família, do casamento, da moral pública com todos os seus corolários, dependem, na verdade, da importância que essa *forma* ou esse *resíduo* social que é o sexo. Quando uma forma está saturada, outra que estava oculta reaparece sob os holofotes e ocupa o centro dos acontecimentos até se extenuar. A prostituição ou a hospitalidade, como vimos, nas diversas formas das suas manifestações históricas ou sociológicas, parecem de uma maneira caricatural revelar o tamanho da confusão dos corpos nessa reciprocidade absoluta da qual fala Klossovski, ou seja, "a partilha das mulheres pelos homens e dos homens pelas mulheres" (*As leis da hospitalidade*). Em certas épocas, talvez estejamos quase aí, é através dessa reciprocidade que se dá a eterna relação com o destino.

---

[40] Cf. G. Tarde. *La morale sexual*. Archives d'anthropologie criminelle, 1907, p.23.

III.
O LÚDICO E A SOCIALIDADE

A imagem – o que aparece – foi completamente secundarizada no produtivismo ocidental. Na melhor das hipóteses, é o luxo supérfluo para alguns momentos de lazer. Bailarina sustentada pelo rico burguês produtivo, pode, a qualquer momento, ser dispensada por cansaço ou medida de economia. Essa situação também se dá ao nível do pensamento. Com efeito, para dizer a verdade, existe acordo quanto ao fato de que a atitude científica consiste em encontrar causalidades, discernir o *verdadeiro* sob a simples aparência. Essa atitude modula-se diferentemente conforme as diversas escolas de pensamento, mas resta uma constante cuja realidade é impossível negar e até mesmo difícil de abstrair.

Contudo, ao mesmo tempo, como não reconhecer tudo o que liga a ordem do social à superfície das coisas, ao reino das imagens? A importância da aparência na vida cotidiana está diretamente ligada ao sentimento do efêmero, à repetitividade do ciclo, ao trágico do destino de que já mostrei a força. Ora, um dos aspectos desse trágico, e não o menos importante, é o que remete ao lúdico. Este é uma totalidade, comum ao mundo animal e ao fenômeno social, feito de excitação, de intensidade e da repetição banal. Os diversos rituais que pontuam a vida social não passam da encarnação cotidiano desse ludismo.

Assim como o mito, e aí reside para nós a sua importância, o lúdico é uma maneira de a sociedade se expressar. Pode-se até lembrar, antes de apresentar alguns aspectos estruturais, que o jogo é totalmente independente de um julgamento moral ou normativo. O jogo, nas suas diversas manifestações, não é nem virtuoso nem pecador, é a expressão bruta ou refinada de um querer viver fundamental, de um fluxo vital que não deve nada à ética ou à lógica. Nada deve tampouco ao que, de maneira mais específica ou difusa, remete à produção ou à reprodução. Nesta, o lúdico desempenha um grande papel, mas não pode ser reduzido a isso. Pode-se dizer que o jogo é a repetição factual numa ordem absoluta. É a expressão multiforme do trajeto que existe entre o arquétipo e o estereótipo. Em síntese, opera sempre nas inúmeras "ações não lógicas", segundo a expressão de Pareto, as quais, como se sabe, constituem a maior parte da vida cotidiana, ou seja, todos os aspectos da existência.

É nesse enquadramento que uma reflexão sobre o ritual na vida social só pode levar à abordagem do jogo. Na realidade, o jogo ressalta fortemente a artificialidade da existência e mostra que esta não passa de aparência, simulação e teatro; ele só remete à sua atualização e ao esgotamento do sentido na própria atualização. O jogo tem esse gosto amargo da finitude e do trágico; revela, enfim, com intensidade, o que é irredutível na vida social, o mais próximo, o concreto. Precisamos, então, mergulhar nesse vasto campo da sociologia da vida cotidiana com suas diversas práticas e modos de vida.

Pode-se dizer, parafraseando Roger Caillois, que a força e a continuidade dos elementos da vida cotidiana e dos diversos jogos que a pontuam são garantidos pela pouca importância destes. "Eles possuem a permanência do insignificante[41]. Na verdade, enquanto o poder, nos seus diferentes aspectos, é o centro de diversos interesses, e a posse de bens ou a glória e as honras são desesperadamente procurados, o que chamamos de potência social, aquilo que de fato constitui a trama da vida, é estranhamento ignorado. Só recentemente surgiu, da parte dos poderes públicos, a preocupação em controlar e planificar os diversos aspectos dessa vida cotidiana; contudo, essa preocupação está mal formulada, o que invalida em parte a totalidade do projeto. O que se chama de vida cotidiana é feito de microatitudes, de criações minúsculas, de situações pontuais e totalmente efêmeras. É *stricto sensu* uma trama feita de minúsculos fios estreitamente tecidos e, separados, completamente insignificantes.

---

[41] R. Caillois. *Les jeux et les hommes (le masque et le vertige)*. Paris, Gallimard, 1958, p.125.

Essa insignificância e essa discrição permitem que essas práticas escapem do controle e da punição. Os poderes e os impérios crescem e perecem, as instituições de todos os tipos estabelecem-se e desaparecem sem deixar rastro, mas, em paralelo a esse processo linear e monótono, existem as horas e os dias vividos que revivemos teimosamente, todas essas situações de dor ou de alegria, ou de serenidade anódina que garantem a chamada perduração social. Esta só avança dissimulada. Os rituais que a pontuam são justamente as máscaras diversas, contudo imutáveis, que a dissimulam. Na realidade, no que diz respeito à insignificância essencial da vida cotidiana, as práticas se modulam, assumem-se aparências diversas, mas permanecem imutáveis no fundamento.

O simulacro que rege nossa vida social é imperturbável por não ter sentido. Nietzsche disse em algum lugar que se abster de julgamentos falsos tornaria a vida totalmente insuportável. Pode-se partir daí, se acreditarmos nas pesquisas históricas, para admitir que "a vida intensa que tivemos, às vezes, nos séculos passados devia-se, em parte, a essa facilidade de julgar parcialmente"[42]. Essa observação de J. Huizinga, a respeito de uma análise da vida cotidiana na Idade Média, mostra bem que a concretude da existência escapa ao "sentido" e à verdade lógica. Veremos isso mais adiante a propósito da retórica popular, mas é certo que a palavra cotidiana e a circulação da palavra dão muito mais importância a essa circulação do que ao conteúdo, ao próprio significante e não ao significado.

Esse ato essencial de troca baseia-se, antes de tudo, no jogo e no artifício. Toda a redundância do discurso, os exageros, que não são exclusivos das populações mediterrâneas, tudo isso remete à palavra como jogo em que o insignificante do conteúdo permite à existência concreta *ser* sem choques excessivos. As discussões do café do comércio, as banalidades da vizinhança, as tiradas e as saudações que pontuam os trajetos cotidianos, sem esquecer o corpus de sentenças e de provérbios que servem a todas as ocasiões da vida,

---

[42] J. Huizinga. *L'automne du Moyen Age*. Paris, Payot, 1975, p.293.

tudo isso não se baseia na obsessão pela verdade, na *adequatio rei ad intellectum*, nem funciona pela busca tetânica de um processo dialético, mas, ao contrário, apresenta uma bonomia que sabe que diante da dereliçção da finitude há coisa melhor a fazer do que apostar a vida em ideias, seja qual a for a solidez conceitual.

Analisando o termo chinês *wan*, Roger Caillois observa que "o caráter *wan* designa essencialmente todos os tipos de ocupações semimaquinais que deixam o espírito distraído e vagabundo, certos jogos complexos que assemelham-se ao *ludus* e, ao mesmo tempo, a meditação descontraída e a contemplação preguiçosa[43]. O *wan* descrito assim é mesmo a valorização do insignificante de que falei: de uma maneira metafórica, pode-se dizer que deixa o espírito livre e o corpo aberto, ao longo de ocupações monótonas e repetitivas, para o imprevisto, a novidade, o acaso. O fato de se acariciar indefinidamente um rosário de âmbar, como se vê nos países mediterrâneos, ou ainda a atitude que gerou a expressão "girar os dedos" são imagens ou exemplos dessa vacuidade lúdica.

No seu livro *Homo ludens*, Huizinga traça alguns paralelos muito instrutivos a partir do sânscrito. Mostra como uma das raízes que exprimem o jogo em sânscrito remete à ação de embalar, de balançar ou ainda de sacudir-se suavemente. Isso enfatiza o caráter leve, despreocupado, fácil e sem complicações do jogo e da brincadeira.

Observa Huizinga que "o *ilâ* passa a ideia de 'como se', de faz de conta, de simulacro, de imitação[44]. Vemos a união da leveza e da dissimulação que permite enfrentar o destino. Mais adiante, o autor trata da gravidade e da seriedade do ideal de vida japonês feito de modulações de puro jogo e brincadeira.

Pressupõe-se que, como modelo de homem completo, o aristocrata japonês brinca desde o menor dos seus gestos, a ponto que "soube da morte do seu pai" torna-se "soube que o senhor seu

---

[43] R. Caillois. *Les jeux et les hommes*, op. cit., p.63.
[44] J. Huizinga. *Homo ludens*. Paris, Gallimard, 1951, p.63 e 67.

pai tinha feito a brincadeira de morrer". Eis o simulacro que impregna até mesmo a maneira de informar o último ato da vida. Poder-se-ia também analisar dessa maneira a forma como a morte é teatralizada na sociedade italiana. O jogo da morte na Itália, sua encenação totalmente pomposa, sem negligenciar toda a gravidade e todo o sofrimento que suscita, baseia-se na dissimulação e no jogo. Pode-se até mesmo dizer que essa espetacularização manifestada nos funerais e nos túmulos é uma maneira de amenizar, de negociar com a irremediável finitude.

Não se deve esquecer de que o rei e o bufão, o padre e a criança, o juiz e o bandido, enfim, todos se fantasiam e se maquiam. Talvez se deva ver nisso uma inversão da hierarquia dos valores. Estamos, outra vez, diante de uma mascarada, sagrada ou profana, da união trágica do sério e da brincadeira, sem o que não se poderia viver. O jogo, sob todas as suas formas, com as suas modulações rituais, lembra que a existência não se divide, que não há uma graduação de importância, uma hierarquia de valores, ou, antes, que se assim é, está-se diante de mais um avatar do jogo. Não se pode dizer que a vida social é regida por um fenômeno importante, por exemplo, a produção, tendo por recompensa algumas fatias de segunda ordem, a cultura, a arte, etc. Tal simplismo não se sustenta mais. A reflexão sobre a eficácia do imaginário está aí para provar isso.

Assim, o jogo lembra essa regra antropológica fundamental que situa o sério e o lúdico como momentos equivalentes de uma mesma insignificância. Observamos que a redundância poética é uma maneira de exorcizar, de anular, de esgotar um estoque que é preciso vencer. Isso leva a pensar que o resíduo também é um problema maior para uma sociedade produtivista. Há um "resíduo" insolúvel" do qual não se pode fazer economia na análise do social[45]. Essa constatação ressalta a importância do jogo, do ritual e da redundância. Inútil considerá-los elementos de importância

---

[45] Cf. J. Baudrillard. *L'échange symbolique et la mort*. Paris, Gallimard, 1976, p.294.

secundária, pois eles estão aí para provocar curto-circuito na seriedade, no produtivismo e na secura da verdade do racional. São indicadores da ambivalência estrutural do social. Abrem brechas na unidimensionalidade da produção e mostram que não existe propriamente um resto, uma sobra, mas que tudo funciona num processo de despesa, de gasto, de desperdício, de perda, essa maneira social, coletiva, de viver e de enfrentar a morte.

O ritual, nesse sentido, é uma expressão do trágico oriunda do fato de que a existência está sempre em dívida consigo mesma. O jogo é a expressão dessa quitação, fazendo com que todos os atos da vida cotidiana tenham o mesmo valor. Há nisso sempre algo de criativo nas minúsculas situações do cotidiano. Uma das maneiras de avaliar o fato de que não existe resto, que não há coisas "sérias" e coisas para "rir", é compreender a importância do gesto na vida social. Vê-se isso na gesticulação da feirante, com seu mostruário ao ar livre, nas mímicas discretas do ministro, em seu gabinete, diante da imprensa, ou nos arroubos de um político durante uma campanha eleitoral.

Falar do gestual, nesse sentido, significa dizer que somos confrontados a uma pluralidade de formas que estruturam o social. Estas devem ser tomadas como um todo sem que se possa determinar o que é mais importante. Todos os elementos do conjunto têm o seu lugar e a sua função. Pode-se afirmar com Lukács que o gesto "é a única coisa que se realiza em si mesma". O gesto pontua a animação das ruas, os rituais das sociedades de corte e até mesmo a atividade do mundo da produção e dos serviços. Nada escapa da sua influência, não existindo pura comédia nem seriedade sem falhas; não há a vida e o seu resto, seu supérfluo, sua sobre. O gestual está aí para lembrar que a teatralidade é o denominador comum das situações da totalidade da existência. Lukacs, que acabamos de citar, lembra que na célebre relação de Kierkegaard e de Régine Olsen a sedução é o gestual dele, sendo que esse gestual retroage sobre o seu produtor. O exemplo da sedução é sintomático, pois mostra como o campo dos afetos, que se poderia qualificar de sério, isento de farsa, livre de toda mácula, é, de fato, um lugar de expressão da concretude do jogo, da brincadeira e do rito. Não se trata de desmitologizar o brilhoso mundo do amor, mas de mostrar a dinâmica tensão das figurações arquetipais e estereotipadas.

Um gesto, dissemos, basta-se a si mesmo, realiza-se em si mesmo, esgota-se na sua atualização. É efêmero e insignificante como uma brincadeira, mas contém igualmente toda uma gravidade.

Desde o instante em que o *dever-ser* ou as tradições não têm mais o impacto a eles atribuído e desde o momento em que o presente e sua precariedade constituem o substrato da vida corrente, o excesso ou o jogo deixam de ser exceções e tornam-se uma maneira natural de viver a poesia da existência que se capilariza na totalidade das práticas e das situações diárias. A "verde árvore de ouro da vida" (Goethe), no seu aspecto multicolorido e na sua concretude pluralista, é cheia de flores, de frutos e de riquezas que sempre provocam deslumbramento. As sombras e as iluminações que suscita revelam os charmes do incógnito e as vertigens do excesso. Todos esses acontecimentos tecem pouco a pouco a sólida trama da socialidade. Assim, a vida cotidiana, indicada como prudência, é como um território onde se enraízam as alegrias e as amarguras que, na sua banalidade, escapam amplamente ao olhar dos críticos de todos os horizontes, os quais, na busca da sociedade perfeita, sempre ignoram as satisfações mais simples.

Ao fazer uma classificação minuciosa das diversas formas de ludismo, Caillois não deixa de ressaltar que o jogo não é simplesmente uma distração individual. Na verdade, a competição, o simulacro, a vertigem ou o ataque, para retomar as suas grandes categorias, exprimem-se perfeitamente no espetáculo da comunhão; os jogos mais solitários necessitam, no mais alto grau, de espectadores para realizar-se plenamente. O jogo e a brincadeira são, certamente, as coisas do mundo mais bem partilhadas. Claro, existem formas tipificadas bem conhecidas, mas se pode falar também do jogo do negócios ou do jogo político. É, por exemplo, certo que, ao lado dos diversos espetáculos de variedades, o desenvolvimento de uma campanha eleitoral na televisão é um enorme jogo social, com os seus desafios, suas competições e suas múltiplas farsas; deixados de lado os atores mais diretos (e seria preciso verificar até que ponto!), é assim que os espectadores tratam isso.

As relações familiares ou os grupos fechados também são muito lúdicos, mesmo se trata-se de um lúdico, às vezes, áspero, de implicâncias, e, sem falar nas tradicionais festas rituais, todas essas relações harmoniosas ou conflituais, por alguma razão, precisam de encenação. Embora não seja o nosso foco aqui, cabe dizer que "a essência da vida coletiva e da existência individual é teatral"[46]. Referindo-se ao jogo do bilboquê entre os esquimós, brincadeira aparentemente solitária, Caillois descreve-o como um fenômeno social, "suporte de comunhão e de alegria coletiva no frio e na longa obscuridade da noite ártica"[47]. Esse jogo simples é o modelo rigoroso de todas essas situações que pressupõem a companhia e até mesmo a exigem, situações que funcionam com base na tensão, na efervescência ou na descontração partilhadas.

Do turfe ao cassino, da bocha aos diversos esportes (futebol, rugby etc.), mas também nos comentários públicos dos acontecimentos ou dos *fait divers* mais ou menos espetaculares, assim como nas conversas sobre um filme ou uma peça de teatro, pratica-se a comunhão de emoções ou de sensações que, sem isso, perderiam a graça. Essa partilha de emoções ou de sensações – difundida nas ações mais comuns ou cristalizada nos grandes eventos pontuais ou comemorativos (aniversários, revoluções, movimentos de massa, greves, manifestações etc.) – é, *stricto sensu*, o que funda a vida social ou o que lembra a sua fundação. O lúdico não é, portanto, um divertimento de uso privado, mas fundamentalmente o efeito e a consequência de toda socialidade em ato.

Um dos elementos dessa socialidade de base própria da vida concreta é o que se pode chamar de retórica popular. Trata-se de uma outra maneira de caracterizar a circulação da palavra cuja im-

---

[46] Quanto a esse aspecto, vale consultar a obra de J. Duvignaud. *Les ombres collectives – sociologie du théâtre*. Paris, PUF, 1973, p.5.

[47] R. Caillois. *Les jeux et les hommes*, op. cit., p.70.

portância é conhecida nas sociedades tradicionais. A *rhêtoriké* é, não esqueçamos disso, a arte oratória e, antes de ser propriedade dos especialistas, esta é uma função social vivida de maneira plural conforme os objetos abordados. Os limites do campo variam segundo o que está em causa; além disso, pode haver rodízio para o tratamento de um mesmo objeto a fim de que essa arte seja de todos. No sentido mais estrito, estamos falando de uma troca simbólica, ou seja, de uma troca que estrutura o social. Claro que só estamos abordando este problema de passagem, mas é certo que a palavra trocada tem a mesma importância que a troca de bens ou a troca sexual. Pode-se até mesmo dizer que estas últimas são fortemente determinadas pela primeira. Trato disso porque a arte oratória é a expressão mais pura dessa *poética* em questão.

Sobre isso, indico a obra admirável de Frances A. Yates, *A arte da memória*, que acompanha o desenvolvimento da tradição oral ao longo de vários séculos. Ele salienta que, para Torquato Tasso, isso depois de Dante, "a retórica é uma forma de poesia"[48]. Expressa-se através dela a teatralidade do mundo.

Não por acaso no Renascimento, assim como em outras épocas, a retórica encontra o seu ponto alto no teatro *stricto sensu*. Pode-se também afirmar, seguindo o estudo citado, que a retórica tem um profundo enraizamento ocultista e que, de Trismegisto a Jacob Boehme, sem esquecer a cabala, o hermetismo sempre se apoiou na retórica. Ora, é certo que o hermetismo sempre foi uma expressão popular na busca do saber. Nenhuma novidade quanto a isso. Trata-se de uma constatação. O jogo dos signos remete ao jogo do acaso, ou seja, ao imprevisível fundamental, sendo que o primeiro tem por objetivo proteger o segundo. Da mesma forma, na retórica, a principal função do jogo de palavras é proteger contra o acaso original, que é o nada. Ainda hoje, a retórica da astrologia não pode ser ignorada, e a publicação dos horóscopos em quase todos os jornais é, nesse sentido, muito instrutiva.

---

[48] F. A. Yates. *L'Art de la mémoire*. Paris, Gallimard, 1975, p.185.

Não se trata de avaliar a qualidade dessa astrologia: ela existe e isso basta para o analista social. Importante a ressaltar é que ela determina a totalidade da existência. Claro, como observa Caillois, "a maioria do público toma conhecimento dessas previsões pueris com um sorriso, mas continua lendo e faz questão disso"[49]. Mais uma vez, não se trata de crença total na astrologia. O conteúdo não está exatamente em questão, mas se pode dizer que crendo, embora descrendo um pouco, a massa religa o simbolismo do zodíaco a uma tradição oral arcaica em que o discurso sobre a influência dos astros era uma maneira de enfrentar coletivamente e com redundância a angústia e o destino. Não sendo levada a sério, mas sendo lida mesmo assim, a retórica astrológica contribui poderosamente para a circulação da palavra por si mesma. Os assuntos do coração, o trabalho, a família, a sorte etc. são algumas dessas tantas rubricas através das quais o indivíduo sente-se solidariamente engajado com outros indivíduos do mesmo grupo, sendo que o discurso relativo a esse destino coletivo tem como única função ser um sinal de ligação.

Encontram-se a mesma força simbólica e a mesma retórica do concreto em todo o corpus popular dos ditados, dos provérbios, das sentenças etc. Pôde-se observar que, nas sociedades com forte solidariedade orgânica, essas expressões orais eram muito desenvolvidas. Durkheim pôde assim escrever que "o provérbio é a expressão condensada de uma ideia ou de um sentimento coletivo relativo a uma determinada categoria de objetos"[50]. Os provérbios exprimem, ao máximo, o concreto fortemente impregnado no imaginário. Representam a consciência comum no que ela tem de mais cotidiano, em todos os minúsculos detalhes e situações que, em princípio, escapam da abordagem intelectual e por isso mesmo são fatores de socialidade.

Quanto mais o que se troca é minúsculo, mais essa troca favorece a proximidade. Observa-se que nos fenômenos de ato-

---

[49] R. Caillois. *Les jeux et les hommes*, op. cit., p.80 e seguintes.
[50] E. Durkheim. *De la division du travail social*. Paris, PUF, 1930, p.145.

mização, os processos de distanciamento acarretam a diminuição dos provérbios populares. O provérbio é quase sempre um lugar comum. Mais uma vez, não se trata de focalizar o conteúdo, mas de perceber como a palavra vazia de sentido, por se inserir no jogo do concreto, é, antes de tudo, fator de agregação. A riqueza desses lugares-comuns não precisa ser demonstrada, e inúmeros etnólogos ou sociólogos ocuparam-se em recolhê-los e em salientar o seu valor para a análise social. Assim como o mecanismo poético, eles funcionam com base na condensação e assim remetem a uma polissemia fundamental: o conteúdo, no sentido estrito do termo, importa pouco, pois cada provérbio, cada ditado, enfim, destaca fortemente uma pluralidade de conteúdos.

A carga de sonho contida na retórica popular da qual acabamos de falar (astrologia, provérbios etc.) provém do fato que se trata de um discurso relacionado com quase todas as situações da vida concreta, o que equivale a uma modulação da ritualística social. Pode-se, de resto, observar que se chama de "fórmulas rituais" o discurso estereotipado e repetitivo que vale menos por ele mesmo do que pela ação que o acompanha. Tal discurso, que não exige muita atenção, deixa o espírito livre, no sentido forte do termo, para sonhar. Cada palavra e cada situação são, nessa perspectiva, plurais e polissêmicas. O estereótipo só é aceito por facilitar o pensamento sobre a multiplicidade de sentidos do arquétipo. Gaignebet mostra, a partir da literatura medieval, como uma língua não evolui em função das exigências filosóficas, mas antes "para o maior prazer (ou o menor desprazer) dos usuários.

Os trocadilhos, os "mais ou menos como", enfim, as sentenças remetem às repetições que se estabelecem ao longo dos séculos numa mesma área cultural e que traduzem a invariância das trocas afetivas e culturais. Um estudo filosófico dessas repetições certamente é possível, mas só pode ser parcial, pois não pode dar conta do tumulto e da incoerência da troca social que corroem, modificam e corrigem as palavras em função das situações pelas quais se exprime a impetuosidade dos corpos e dos sentidos a polissemia das situações e a polissemia das palavras entram num balé sem fim, remetem incessantemente uma à outra e inserem-se, enfim, num vasto espectro cênico, o qual pode ser resumido na expressão imaginário social.

O jogo do concreto que se expressa através da linguagem, salienta, portanto, ao mesmo tempo, a importância e a eficácia da imagem e o sentido do detalhe, do minucioso. É por isso tudo que se pode dizer que o chamado ritual não passa de uma *retórica pictórica*. A descrição minuciosa dos pequenos acontecimentos diários revela-se através do discurso que melhor lhe convém; esse discurso, por sua vez, de forma orgânica, acompanha os pequenos fatos citados. O senso do detalhe, a redundância, a atenção às situações e aos atos insignificantes não devem ser interpretados como uma expressão da obsessão pela verdade. De fato, como destacamos várias vezes, o falar popular não busca a verdade. O "contar tudo", "dar com a língua nos dentes", enfim, isso tudo basta em si mesmo, sem remeter a outra coisa que não seja o presente, que se esgota, que se renova.

Para ilustrar rapidamente nossa metáfora, tomemos um exemplo da Idade Média, a pintura de Jan Van Eyck, cuja maravilhosa minúcia, no cenário, nas vestimentas, nas expressões ou nas situações, é um livro de imagens que revela uma infinidade de detalhes concretos; cada observador pode identificar-se com algo na obra e imaginar o que pode, ou poderia, ter-se passado em determinada situação. A precisão dos detalhes, característica desse pintor, é muito próxima dessa sensibilidade popular que estamos tentando abordar, pois ambos aliam, ao mesmo tempo, o concreto e o poético, o trivial e o fantástico, o monótono e o excepcional.

O concreto e a retórica, a imagem e o verbo, são expressões do barroco cotidiano em que o menor acontecimento anódino torna-se suntuoso e teatral. Mais uma vez, aparece a predominância da imagem, do aparecer, do insignificante. O ritual social culmina nessa retórica pictórica que sintetiza o trajeto da gesticulação humana. O jogo teatral esgota-se no seu próprio ato. Nesse sentido, pelo seu confronto com a finitude, ele é trágico. Mas se trata de um trágico visual, um trágico de ópera, em que, numa conjunção de imagens e de palavras, todo um espaço público desenha-se, espaço da troca, da circulação sem fim dos afetos e das paixões.

IV.
MATAR O TEMPO:
DA DISPONIBILIDADE SOCIAL

1. O moralismo intelectual

É sempre com atraso que o amplamente vivido se torna objeto de análises ou mesmo de observações da parte dos profissionais da teorização da vida social. Tanto é assim, para retomar um clichê do pensamento, que é sempre *post festum* que o intelectual acorda. Trata-se de um fato latente e constante passível de observação em muitos domínios. A literatura, a música e a pintura estão aí para provar isso, pois, com frequência, veem as inovações atacadas antes de se tornarem toleradas e, por fim, canonizadas. O mesmo, *a fortiori*, acontece com a dinâmica profunda de uma determinada época. Por causa de um curioso descompasso, é sempre mais tarde que a compreendemos.

Atento a essa "não contemporaneidade", formulei a hipótese de um paradigma estético para caracterizar as relações sociais que se esboçam atualmente[51]. Pode até parecer frívolo falar em estética, sobretudo quando não se respeita a compartimentação disciplinar em vigor. Com efeito, pode-se polemizar sobre estética no âmbito especializado que lhe é designado: história da arte, uma parte da filosofia acadêmica ou, ainda, no espaço atribuído aos cirurgiões e aos arquitetos. Também é de bom tom servi-la como uma "guloseima" em algumas discussões sem maiores consequências que servem de intervalo às questões sérias da vida econômica e política. É a velha história da bailarina que se oferecia ao burguês, aquilo que Adorno chamava maravilhosamente de mensagem para execu-

---

[51] M. Maffesoli. *Le paradigme esthétique, Sociologie et sociétés*. Montréal, outubro de 1985, vol. 17, n° 2.

tivo cansado[52]. Mas não se deve ultrapassar esse limite. A principal razão disso é certamente o moralismo repugnante que, sem poupar nenhuma tendência, serve de terra fértil à produção intelectual. Em versão laica ou eclesiástica, o cardeal sempre quis ser o intérprete do *dever-ser*.

Existiram, claro, exceções, mas, de maneira geral, foram consideradas aberrações e, nesse sentido, brutalmente combatidas. Cabe acrescentar que, de uma maneira em princípio curiosa, a modernidade agrava esse fenômeno. O espírito da seriedade nela reina sem contestação, e raros foram os que conseguiram libertar-se. A racionalização do mundo favoreceu esse processo e até mesmo pensadores como Max Weber que, na linhagem de Nietzsche, poderia ter uma concepção mais ampla da estética e, com razão, destacava a sua ligação com o erótico, não deixou de prever o seu fracasso, por causa "das condições técnicas e sociais da cultura racional[53]. Voltarei a esse problema; agora, cabe observar a introjeção da obrigação moral, vivida como um imperativo categórico e pensada como necessidade contra a qual é inútil e até perigoso rebelar-se.

Trata-se de uma postura antiga. Não se deve esquecer de que uma parte da tradição ocidental, fundamento da racionalização citada, estabelece uma ligação estreita entre o conhecimento e a chegada do mal, mais precisamente entre a árvore do conhecimento e o erotismo, fonte de depravação. Sem fazer jogo de palavras, dá para dizer que se trata de um pecado original de que o conhecimento terá de purificar-se. É, portanto, para tornar-se reconhecido e honrado, fazendo esquecer essa vergonhosa e primitiva ligação, que o conhecimento, de maneira constante, se afastará de tudo o que possa lembrar as suas raízes mundanas. Não se deve tampouco esquecer de que se a maçã, cuja conotação erótica todos conhecem, prevaleceu como designação do fruto proibido, alguns textos antigos re-

---

[52] Cf. Adorno. *Àutour de la théorie esthétique*. Paris, Klincksieck, 1976, p.14.

[53] Cf. a análise, nesse sentido, de J. Seguy, "Rationalisation, modernité et avenir de la religion chez M. Weber", in *Archives des Sciences Sociales des Religions*. Paris, CNRS, 1986, 61-1, p.134.

lacionam este último com o trigo, a uva, o palmito, o limão[54], todos produtos da terra que fazem do homem um sujeito de sensações e de prazeres, um objeto corporal, um indivíduo que é o que é graças ao seu meio ambiente, ou seja, alguém enraizado e concreto.

É justamente essa concretude que é renegada pelo moralismo intelectual, tendo como consequências a marginalização e a estigmatização da estética. Vale insistir com essa inversão; pois, se as ditaduras, em geral, proíbem a libertinagem, não se deve esquecer de que tal atitude se encontra no "patos do imperativo categórico", o qual recusa normativamente o gosto do prazer, relativo ou trágico, presente em toda socialidade.

Em referência ao parentesco original que sugeri há pouco, pode-se dizer, como hipótese, que é para eliminar a suspeita que paira sobre o saber que o intelectual vai suspeitar do hedonismo. Processo diversionista que, para demonstrar a sinceridade dos seus procedimentos, privilegiará eventualmente o ascetismo nas suas diversas modulações, da contenção da carne *stricto sensu* ao engajamento social, passando pelo senso de responsabilidade em relação a diversas entidades (Povo, Proletariado, Estado, Partido, Serviço Público etc.). É amplo o espectro das atitudes intelectuais que hipervalorizam a moral em detrimento da simples vivência social, em detrimento das experiências existenciais carregadas de alegria e de sofrimentos, de prazeres e de angústias, quinhão de cada indivíduo e de cada grupo social.

Essa mistura de sombra e de luz, graças a uma sabedoria incorporada, é vivida como uma alternativa à morte. Está na base de um *querer viver* tenaz que, na longa duração, garante a perduração societal. Faz sentido recordar essa banalidade fundamental visto que a prática da suspeita, que busca sempre a "verdadeira" vida por trás das aparências, ignora extraordinariamente que o hedonismo pode ser vivido no cotidiano e se satisfaz com pequenas coisas, as quais,

---

[54] Cf. as referências ao folclore grego e aos antigos, feitas por M. Shapiro. *Style, artiste et société*. Paris, Gallimard, 1982, p.199.

por sedimentações sucessivas, vão estruturar as sociedades no seu conjunto.

Pode-se, de resto, considerar que a consciência infeliz dos intelectuais, que faz deles, na melhor das hipóteses, seres torturados, e, na pior das hipóteses, seres patéticos, palhaços, tem sua fonte nessa antinomia dramática: qual é a ligação entre o conhecimento e o erótico, a liberdade espiritual e a força do sensível? Mas, em vez de mantê-los ligados e de pensar de maneira paradoxal os dois termos dessa antinomia, uma curiosa distorção fará (parafraseando aqui uma observação de Adorno) que a consciência desses, digamos assim, emancipados por construção fique totalmente impregnada do puritanismo que desejariam rejeitar[55].

Esse drama que acabo de delinear mereceria um estudo específico e tem consequências na compreensão das nossas sociedades, pois é a partir dele que será negada toda autonomia à estética. Essa só subsistirá subordinada a outras instâncias mais fortes e coercitivas, consideradas necessárias à vida social. Com base nessa hierarquia, vai-se elaborar uma dominação do pensamento útil. É preciso servir. O pensamento é servo, servil. Há uma contradição em termos, mas é isso que prevalecerá. Todo procedimento intelectual que se pretenda inútil, toda reflexão sobre o epicurismo cotidiano, assim que pretende disseminar-se, é qualificada de "estetismo de bar". É aí que o puritanismo se alia ao dogmatismo, conjunção que, quanto à sociedade, leva, aos poucos, ao triunfo do que chamarei, à imagem de um leito célebre, de uma sociologia *procustiana*: a realidade deve, mesmo à força, entra no quadro previamente estabelecido. Tal sociologia, que pode ser empirista, kantiana ou marxista, ou, ainda, uma mistura dessas diversas tendências, isso tem pouca importância, elabora um a priori que só pode ser ilustrado[56].

---

[55] Quanto ao puritanismo e ao ascetismo, refiro-me aqui a Adorno, *Prismes, critique de la culture et société*. Paris, Payot, 1986, p.87-88. E *Notes sur la littérature*. Paris, Flammarion, 1984, p.303.

[56] Pode-se observar um bom exemplo disso no pensamento austríaco do começo do século XX; tem-se, ao mesmo tempo, o austro-marxista M. Adler e o

Na realidade, essa sociologia, herdeira de Hegel ou de Comte, teme sobretudo o aspecto caótico da existência e pede que uma instância transcendente e arbitrária venha ordená-la. Mesmo que se trate de algo necessário, pode-se postular que não é suficiente. O estigmatizado estetismo pode ser, ao contrário, uma sensibilidade teórica capaz de nos ajudar a apreciar a beleza da aparente desordem e também a sua fecundidade. É com essa intenção que uso a expressão sensibilidade teórica, o que permite destacar o aspecto complexo da vida social, a sinergia dos diversos elementos que a compõem. Na contramão do moralismo, o estetismo remete a uma forma de *assentimento à vida*. Nada do que a compõe deve ser rejeitado. É um desafio a aceitar.

Com efeito, digamos isso claramente, a estética, de que falamos aqui, mesmo se ela não as exclui, não pode ser reduzida às obras da cultura canônica nem às da cultura de vanguarda. Não poderia tampouco ser resumida ao que se convencionou chamar de *senso estético*, ou ao bom gosto consequente. Na realidade, com a temática do dionosíaco, que, sob diversos nomes, não para de crescer nos debates teóricos, pretendo mostrar que a vida das nossas sociedades incorpora, cada vez mais, o sensível, as sensações, à sua estrutura global. As diversas modalidades da imagem são disso a expressão fundamental[57].

Nessa perspectiva, é bastante evidente que *omne ens est bonum*, tudo é bom para o observador social que, de uma maneira um pouco distanciada, cínica, diriam alguns, constata que as ações e as paixões carregam o melhor e o pior, o que pode ser visto no entusiasmo coletivo, num pequeno ou grande gesto de solidarie-

---

empirista P. Lazarsfeld. Cf. a esse respeito W.M. Johnston. *L'esprit viennois, une histoire intellectuelle et sociale 1848–1838*. Paris, PUF, 1985, p.121.

[57] Para uma primeira abordagem do "sensível social" remeto ao meu livro *À sombra de Dionisio*, op. cit.; remeto também a P. Sansot. *Les formes sensibles de la vie sociale*. Paris, PUF, 1986. Quanto ao imaginário, ver Gilbert Durand. *Les structures anthropologiques de l'imaginaire*. Paris, Bordas, 1969. E *L'imagination symbolique*. Paris, PUF, 1984.

dade, numa realização arquitetônica criticada ou elogiada, mas também no hedonismo, mercantilizado como se sabe, ou ainda no *kitsch* e no mau gosto que lhe dá suporte. A lista está longe de conter todos os fenômenos que exprimem, no sentido forte do termo, o paradigma estético.

Logo, sem *a priori*, sem rejeições prévias, trata-se de ver como, pelo ressurgimento de uma nova *imago mundi*, as nossas sociedades dão-se em espetáculo a elas mesmas. Através da explosão publicitária, pela difusão de videotextos ou de imagens de televisão, uma sensibilidade coletiva, que não adianta tentar negar ou minimizar, está ganhando corpo. Invertendo uma observação feita antes, pode-se dizer que frívolo não é aquilo que postula uma estética social, mas certamente o que a rejeita. Pois, como é quase sempre o caso nesse tipo de época, tudo favorece o seu desenvolvimento, até mesmo, como mostrei, o que choca os sentidos convencionais. Walter Benjamin observava que "nos tempos de Homero, a humanidade se oferecia como espetáculo os deuses do Olimpo", mas, agora, "ela é o seu próprio espetáculo", conseguindo "viver a sua destruição como uma satisfação estética superior"[58].

É bem isso que parece estar acontecendo. As catástrofes, o triunfo esportivo, um desfile militar, um festival de música, a explosão de uma nave espacial, um comício político, o sequestro de um avião, os engarrafamentos urbanos, um ato criminoso com reféns, uma viagem do papa, a AIDS, tudo é transformado em espetáculo, tudo contribui para uma espécie de apocalipse que, no mínimo, fragiliza as nossas certezas racionais. É certo que a efervescência coletiva tornada banal incita-nos a retomar a *banalidade* na acepção etmológica desse termo, ou seja, aquilo que é vivido, experimentado em comum; aquilo que me liga estruturalmente ao outro. Nisso reside todo o segredo da estética.

---

[58] W. Benjamin. "L'ouevre d'art à l'époque de la reproductibilité technique, in *Essais*. Paris, 1984, p.126.

2. Uma outra lógica do estar-junto

Sabe-se que é possível compreender uma determinada época a partir de uma dominante específica. A estrutura antropológica, no entendimento de Gilbert Durand, ou ainda a sua metáfora da "bacia semântica", a "episteme" de Foucault, ou, enfim, o paradigma de Kuhn, são proposições heurísticas de grande interesse que permitem ressaltar o valor central em torno do qual se agregam ou se ordenam, num campo particular ou na totalidade de uma civilização, as ações, os sentimentos, as paixões e os preconceitos que regem as relações sociais. Numa comparação interessante entre algumas dessas noções, J.G. Merquior fala de "subsolo do pensamento", de "infraestrutura mental" ou, ainda, de um "*a priori* histórico"[59].

Cada uma dessas expressões, à sua maneira, dá conta do aspecto, ao mesmo tempo, fundamental e existencial de tal perspectiva. Com efeito, conjugando o estático e o dinâmico, pode estudar as características de uma constante num dado momento, levando em consideração as suas diversas modulações. Vale ressaltar o aspecto heurístico dessa proposição: não é um modelo permitindo estabelecer leis científicas, mas, antes, uma *figura* teórica possível elaborada a partir de elementos que, embora heterogêneos, não deixam de ajustar-se entre eles. Talvez seja o que Max Weber chamava de "um efeito de composição".

Assim, a partir de constatações empíricas, pequenas monografias ou observações jornalísticas, pode-se observar o nascimento de um novo *Zeitgeist*. Constatando também uma certa falência dos grandes sistemas explicativos que regeram a modernidade, pode-se propor uma outra lógica do estar-junto. Lógica que não seria mais finalista, voltada para o longínquo, mas, ao contrário, centrada no cotidiano. *Hic et nunc*. Aqui e agora. Uma estrutura, de toda maneira, do doméstico. Falou-se a esse propósito de uma "depressão

---

[59] Cf. J. G. Merquior. *Foucault ou le nihilisme de la chair*. Paris, PUF, 1986.

da era clássica"[60]. A fórmula é boa na medida em que indica o vazio, deixado pela ausência de projeto, nas suas diversas formas, onde se abrigará uma outra maneira de compreender e de viver em sociedade.

Para formulá-lo em termos mais diretos, necessariamente parciais, direi que a polarização constituída pelo par moral e política está cedendo lugar a uma outra polarização, articulada em torno do hedonismo e da estética. No primeiro caso, a ênfase era na história; no segundo, no destino, ou, ainda, no *amor fati* do trágico. Trata-se de um deslocamento multiforme que só pode ser resumido de maneira esquemática, mas que ilustra bem a importância assumidas, em inúmeros campos, pelo pluralismo, pela fragmentação e pelo relativismo. Coisas que, naturalmente, emergem da prevalência do cotidiano em toda a sua concretude. Coisas que se opõem à simplificação, à tendência para a unidade, enfim, à abstração dominante numa visão de mundo tendo por valor essencial a ordem racional. Voltamos à antinomia entre o apolíneo e o dionisíaco formulada, no final do século XIX, por pensadores como Nietzsche ou Walter Pater. Não é difícil admitir que existe uma oscilação constante entre a severa e calma unidade das épocas clássicas e a eflorescência desordenada de algumas épocas que se pode chamar, por analogia, de barrocas. Enquanto aquelas primeiras são equilibradas e sistemáticas, iluminadas pelo entendimento, o que Pater chama de "ideal da abstração parmenidiana", estas últimas, ao contrário, entregam-se ao jogo sem fim da imaginação desenfreada[61].

Essa temática é conhecida e não será necessário desenvolvê-la em profundidade aqui. Basta indicar que, regularmente, em

---

[60] Expressão proposta por G. Hocquenghem e R. Scherer. *L'âme atomique – por une esthétique de l'ère nucléaire*. Paris, Albin Michel, 1986. Eu também abordei esse tema em *A Conquista do presente – por uma sociologia da vida cotidiana*. Rio de Janeiro, Rocco, 1984; e *O tempo das tribos*. Rio de Janeiro, Forense-Universitária, 1988.

[61] Cf. o belo texto de W. Pater. *Essais sur l'art et la Renaissance*. Paris, Klincksieck, 1988, p.154-59.

campos tão diversos quanto a arquitetura, o vestuário, as relações com o meio social ou natural e até mesmo na vida política, assiste-se a um processo de extroversão generalizado. Isso gera sociedades "somatófilas", sociedades que amam o corpo, exaltam-no e realçam-no. Nessa perspectiva, digo que o *body building* atual não é de jeito algum um fenômeno individual ou narcísico, mas um fenômeno global ou, mais exatamente, a cristalização, ao nível da pessoa (*persona*) de uma ambiência realmente coletiva. Um jogo de máscaras total.

A história mostra-nos como, ao longo dos séculos, os aspectos dominantes da vida social saturam-se e cedem lugar a outros. Não se deve crer, portanto, que uma figura é eterna ou que não ressurgirá. Assim, para citar apenas um exemplo, a figura do *homo economicus* não se restringe aos tempos modernos, e alguns historiadores localizaram, com precisão, o seu nascimento na Grécia antiga, onde tomou o lugar do *homo politicus*[62].

Nada mais adequado que esse *homo economicus*, com suas múltiplas aparições na história humana, ceda lugar a outra figura dominante. Assim, com base no que indiquei, parece-me que se está assistindo ao (re)nascimento do *homo aestheticus*.

Trata-se de uma hipótese que não é nova e muitas tipologias já salientaram o seu grande valor heurístico. Na análise proposta aqui, eu me debruçarei sobre uma única tipologia, tomada de empréstimo à história da arte (A. Riegl, W. Worringer, H. Wölfflin), que estabelece uma distinção entre a atitude *tátil* e a atitude *ótica*. Como em todo modelo de interpretação, há algo de arbitrário numa tal dicotomia. É evidente também que na realidade nenhuma dessas atitudes apresenta-se de forma tão categórica. Há sempre contaminação ou superposição parcial de alguns elementos. Isso não elimina que essa proposição sirva para esclarecer uma série de situações concretas e parece-me totalmente pertinente

---

[62] Cf. M.F. Baslez. *L'Etranger dans la Grèce antique*. Les Belles Lettres, 1984, p.128.

o seu uso para o nosso propósito. Por outro lado, tendo utilizado esse esquema num estudo anterior, sobre o "neotribalismo", pude verificar a sua utilidade como tipo-ideal[63].

Portanto é nos *Stilfragen* que A. Riegl descreve um *estilo ótico* e um *estilo tátil* (lembro apenas que o primeiro remete às formas luminosas e inspirou os diversos classicismos, enquanto o segundo enfatiza mais tudo o que favorece o contato ou privilegia os relacionamentos das pessoas e das coisas). O primeiro é mecânico, enquanto o último é orgânico. Apropriando-me dessa proposição, digo que a tendência dominante dos fatos sociais observada atualmente pode ser perfeitamente explicada pela categoria tátil. A valorização multiforme do corpo de que falei remete ao palpável e a uma atmosfera geral que favorece o tocar. Enquanto o ótico é a escolha de perspectiva que privilegia o longínquo, *historicizando-se*, o tátil favorece tudo o que está próximo (proxemia), o cotidiano, o concreto. É nesse sentido que se pode compreender a estética e ligá-la ao interesse pelo presente que prevalece em nossa época.

Eis a hipótese central da minha análise: o paradigma estético é o instrumento que permite compreender toda uma constelação de ações, de sentimentos e de atmosferas específicas do espírito do tempo moderno. Tudo aquilo que tem ligação com o presenteísmo, no sentido de oportunidade, tudo o que remete à banalidade e à força agregativa, ou seja, a crescente valorização do *carpe diem*, encontra na matriz estética um ponto de afinidade e de ancoragem.

Com efeito, o ponto comum dos diversos elementos que acabo de indicar é a função de *religação*. Eles promovem relações, marcam um espaço, favorecem conexões. Essa "conexão tátil" (A. Riegl) organiza uma ampla rede de interdependência[64]. Isso que o historiador da arte observa num baixo-relevo egípcio não

---

[63] Sobre a dicotomia ótico/tátil, ver M. Johnston. *L'esprit viennois*, op. cit., p. 168; ou M. Shapiro. *Style, artiste et société*. Paris, Gallimard, 1982, p.64.

[64] Essa expressão de A. Riegl e analisada por H. Maldiney. *Art et existence*. Paris, Klincksieck, 1985, p.98.

passa, no caso, da expressão, do estado de uma sociedade particular num determinado momento; claro que essa expressão pode ter uma multiplicidade de modulações. Minha hipótese é que a evidência tátil passa atualmente, sem contar os inúmeros tipos de reunião (festivas, esportivas etc.), pelo desenvolvimento tecnológico (telemático, videotexto, microeletrônica), no qual atua uma interdependência societal inegável. Não é fácil resumir isso, pois se trata de um fervilhar interminável. Em contrapartida, dá para reconhecer, na contramão da postura distintiva da modernidade, que a fusão grupal domina a era estética.

Fusão e fervilhar são termos que, com frequência, chocam. Especialmente no mundo intelectual, é fácil observar que possuem uma conotação totalmente pejorativa. Na realidade, no trajeto cíclico da história humana, muitas são as sociedades descritas nesses termos. Como exemplo, lembro que, na Viena fim de século, uma cultura plástica, sensual, amante da natureza, opunha-se ao espírito burguês, laborioso, moralista, cuja única ambição era controlar a natureza e explorá-la. O burguesismo, com as características que acabo de descrever, é essencialmente distintivo e tem por valor último o indivíduo e suas particularidades. Em contrapartida, a cultura alternativa é uma cultura de grupo, como disse Schorske, uma *Gefühlskultur* (cultura dos sentimentos)[65], totalmente amoral, baseada no prazer e no desejo de estar junto sem finalidade específica. E isso chamo de ética da estética.

Será que a Viena fim de século, com esse confronto entre duas culturas, não foi um exemplo premonitório? Claro que a moral burguesa triunfou, mas é possível que a cultura dos sentimentos, por algum tempo derrotada, continuou a obcecar a civilização e, através de algumas vanguardas, continuou a disseminar-se de muitas maneiras. Certo é que, de um ponto de vista teórico, ela pode

---

[65] Cf. C.E. Schorske. *Vienne fin de siècle, politique et culture*. Paris, Seuil, 1983, p.24. Sobre a diferença entre ética e moral, tratei disso em *O tempo das tribos*, op. cit.

permitir o esclarecimento de muitas fusões hedonistas que surgem por toda parte. Sabe-se que é sempre discretamente, às vezes, secretamente, que se difundem as mudanças importantes, até que um dia se tornam evidências difíceis de negar, mesmo se não são compreendidas ou aprovadas. Voltando a uma análise feita antes, é surpreendente constatar que esse arcaísmo, o sentimento, recebe ajuda dos instrumentos mais modernos (mais pós-modernos). Essa sinergia, ainda bastante misteriosa, bem pouco teorizada, serve certamente de terreno fértil para as diversas agregações afetivas designadas por mim com a metáfora do neotribalismo.

O hedonismo predominante parece ser um valor transversal. Com modulações diferentes, pode ser encontrado em todas as camadas da população. Claro, conforme os meios financeiros e os diferentes gostos culturais, pode assumir formas muito diversas, mas dá para dizer que há um estilo hedonista em ação nos grupos (ou tribos). Talvez seja o caso de retomar-se à bastante conhecida distinção entre "valores do Norte" e "valores do Sul". Outra vez, trata-se de uma esquematização bastante arbitrária e categórica, mas que esclarece bem, mesmo provisoriamente, a diferença existente entre o moralismo, o projeto, uma concepção de tempo teleológica, concepção da sociedade baseada no indivíduo e na razão mecânica, e uma vivência mais amoral, mais sensível, mais imaginativa, tomando o conjunto social como sendo a ordenação de uma multiplicidade de grupos que se ajustam como podem uns aos outros.

O tempo social, nesse caso, seria cíclico: mais um receptáculo de acontecimentos que um criador de objetivos a alcançar. Nessa perspectiva hedonista, não há um valor (moral, intelectual, religioso) intangível e único diante do qual cada um teria de vergar-se, mas, ao contrário, pluralismo de julgamentos, diversidade de opiniões. Não é o caráter englobante da ideologia que importa, mas a sua dimensão relacional, comunicacional. Um valor não vale por si mesmo, mas unicamente quando me une a outros. Chamei isso (*À sombra de Dionísio*) de "imoralismo ético".

Se levar um pouco mais adiante a minha hipótese, posso dizer que a estética, como cultura dos sentimentos, simbolismo, ou, para empregar uma expressão mais moderna, como lógica comunicacional, garante a conjunção de elementos até então separados. Assim, mesmo na ordem epistemológica, baseia-se na superação da distinção, a razão vendo os seus efeitos reduzidos pela ação dos efeitos da imaginação. Uma fórmula de Schelling exprime bem essa posição: "monoteísmo da razão... politeísmo da imaginação e da arte, eis de que necessitamos". Conjunção que resultaria numa "mitologia da razão". Trata-se de uma ideia muito interessante que, antes de mais nada, dá conta de um dinamismo vital. O homem do povo e o filósofo concordam numa interdependência total[66].

O aspecto utópico dessa visão importa pouco, mas importa muito mais o fato de que prevalece a vida na sua globalidade. Nessa perspectiva, a estética não é mais, conforme mostrei antes, uma simples distração para o espírito, mas uma realidade global, ao mesmo tempo, existencial e intelectual que, superando (e incorporando) as separações clássicas da modernidade – moral, política, física, lógica – torna-se uma realização, um "imperativo vital"[67]. Está-se bem longe da estética suavizada ou do que se qualifica dessa forma numa visão de mundo utilitária. A perspectiva que desenvolvo aqui tem por ambição servir de revelador da formidável mudança de valores a que se assiste neste final de século.

Embora possa não parecer assim, poucos são os que tentam fazer uma abordagem teórica dessa mudança. A maioria dos intelectuais – professores universitários, jornalistas ou agitadores culturais – continua a produzir (e a vender) uma sopa à base de moralina e de racionalismo, sem esquecer as toupeiras econômico-políticas. Outros, mais sutis, captaram bem o problema, mas, por falta de coragem ou simplesmente por hábitos mundanos, não se arriscam a

---

[66] F. M. J. Schelling. "D'une religion poétique", in *Textes esthétiques*. Paris, Klincksieck, 1978, p.11.

[67] Cf. G. Hocquenghem, R. Scherer. *L'âme atomique*, op. cit., p.15.

enfrentá-lo e preferem elaborar frescurinhas metassociológicas ou metafilosóficas tão admiradas pelos diversos provincianismos da "rive gauche". O conformismo é ponto em comum entre essas duas tendências. Nesse contexto, é bastante difícil propor uma abordagem que leve em consideração as mudanças citadas.

É preciso estar em franca ruptura com os modos de análise tradicionais, constar dos insurretos do pensamento, para sentir a cadência original que está marcando o ritmo atual da vida social e para compreender a relação cínica ou astuta que as diversas tribos estabelecem com os valores institucionalizados. A liberdade de atitude reclama uma liberdade de tom, uma tomada de distância em relação aos sistemas que, como tal ou sob a forma de um vestígio, continuam a inspirar massivamente as produções intelectuais. Os historiadores da arte costumam fazer uma distinção entre a *cor* e a *linha* na análise das grandes pinturas. Por analogia, direi que acompanhamos de perto a *linha* dos pequenos acontecimentos sociais, o que eles têm de duro, de categórico, o desenho (esboço) preciso; mas esquecemos, com frequência, a *cor*, muito mais difusa, dissimulada, indefinida, mas que conota uma atmosfera cujos efeitos ainda não foram suficientemente percebidos.

Postulo, então, que para bem captar a realidade é necessário não estar obcecado pelo princípio do realismo, até porque a realidade, às vezes, ganha contornos de surreais. Basta lembrar que, na origem, romancear significava "transpor do latim oficial para um dialeto romano, afinar a voz alta e a voz baixa, fazer vibrar em uníssono o povo e a aristocracia[68]. Nesse sentido, transferindo essa noção para o nosso tema, pode-se imaginar que a abordagem sociológica, romance da realidade, faz coincidir a voz (via) do cotidiano e a da teoria, o fato social e o fato sociológico. Em vez de continuarmos prisioneiros de nossas conversas fiadas, de nossos metadiscursos ou das nossas certezas sistemáticas e apriorísticas, o

---

[68] J. Darras no prefácio de M. Lowwy. *Au-dessous du volcan*. Paris, Grasset, 1987, p.7.

importante é acompanhar mais de perto possível o romance da socialidade.

Parece que a socialidade escapa, cada vez mais, ao utilitarismo, que foi o estilo da modernidade (o que deveria estimular-nos a não querer mais ser instrumentos da utilidade). Na verdade, observa-se uma conjunção sempre maior entre o sonho e a realidade. Essa imbricação estreita constitui essa sociedade complexa em que todos os elementos interagem uns com os outros. O princípio causal simples caducou. O mesmo ocorreu com a teleologia racionalista. Assiste-se ao retorno de um tempo imóvel, de um presente eterno, o do mito e do simbolismo. Isso é surpreendente no que diz respeito à presença do imaginário na publicidade, no cinema ou na televisão, mas também, o que é menos evidente, na comédia política assim como na prosa tecnocrática. Mito e simbolismo pretendem preencher o fosso que os separa das bases sociais. Até mesmo as pesquisas de urbanismo, sem compreender de fato o alcance do fenômeno, salpicam as suas análises secas com encantações sobre o imaginário e a socialidade, ficando assim com a ilusão de mascarar a própria inanidade. Muitos são os exemplos nesse sentido. Mas, seja como for, sem entrar em polêmicas, trata-se de indicadores que não enganam; como já disse antes, o espírito do tempo está para a fusão, e a cultura do novo tempo baseia-se na sinergia de todos os seus elementos. Essa sinergia pode ser resumida assim: a realidade ou a surrealidade é antes de tudo um símbolo vivo que, para retomar uma expressão de H. Broch, "nasce da confusão das águas da vida e do sonho"[69].

3. Petição fútil

Há, portanto, em cada elemento da realidade social uma parte de sonho. Esse fato foi negado ou marginalizado no apogeu do burguesismo, mas isso não pode continuar assim atualmente.

---

[69] H. Broch. *Création littéraire et connaissance*. Paris, Gallimard, 1996, p.142.

Começa-se a admitir que se trata, de qualquer maneira, de uma estrutura antropológica que serve de fundamento para todas as construções sociais, seja da ordem do *concreto* ou das puramente simbólicas. A estética, como momentos vividos em comum, situação na qual se exprimem o tempo imóvel e o prazer do instante eterno, remete à outra concepção do tempo. Nada mais de um tempo do cômputo implacável e uniforme, mas antes um tempo de uma duração que varia conforme as pessoas e os seus agrupamentos. Nessa perspectiva, as diversas relações sociais, assim como as relações com o meio natural, valem pelo que são. Têm sentido, segundo uma antiga terminologia, por serem vividas *ut sit*. Assim se exprime, de maneira empírica, em nível de constatação sociológica, o fato de que não há mais filosofia da história, a qual *stricto sensu* se esgotou.

A história, inicialmente, na tradição judaico-cristã, história da salvação, antes de tornar-se laica no progressismo ocidental, caiu na rotina e afogou-se na banalidade. Mostrei isso ao indicar que a História foi, aos poucos, substituída pelas *histórias* cotidianas. Esse fato, agora incontestável, pode levar a falar-se em "des-historização da experiência"[70]. O neotribalismo contemporâneo não se inscreve mais, portanto, no âmbito de uma história em marcha (moral e/ou política); não se situa tampouco contra a História, mas à margem desta; ou, mais precisamente, explode o conceito de um centro único, com sua finalidade e seus instrumentos finalistas (luta de classes, proletariado), e cria uma multiplicidade de centros. De fato, para retomar uma ideia comum da fenomenologia, a de *epoché*, o fim é posto entre parênteses, não é valorizado nem negado, tornando-se somente um parâmetro, entre outros, da experiência societal.

---

[70] Sobre o mito do progresso e sobre as história cotidiana, remeto aos meus livros já citados: *A violência totalitária — ensaio de antropologia política*; e *A Conquista do presente*. Indico também a atual análise filosófica de G. Vattimo. *La fin de la modernité*. Paris, Seuil, 1987, p.173.

Não acredito que exista algo de "novo sob o sol". Inclinome, antes, a ver uma forma de naturalismo, com o retorno de situações idênticas. Assim, a pós-modernidade não seria apenas uma nova fase no processo dialético da História ou um novo momento na grande marcha do Progresso, mas, antes, uma sensibilidade específica que sempre renasce em lugares e épocas diferentes. No caso, uma sensibilidade *contraditorial*, segundo a definição de Lupasco, Durand, Beigbeder ou Morin, que sabe incorporar a catástrofe, a incompletude e o heterogêneo sem querer reduzi-los a qualquer preço. Como exemplo, lembro que ao século XX, época plena de fervor e de *élan* poético, quando se buscava nas belas letras antigas a fonte do prazer, sucedeu um século XIII que descartou as "vãs preocupações estéticas" e as "curiosidades inúteis", fazendo que a Universidade de Paris se tornasse uma "imensa máquina de raciocinar direito". G. Duby, em *O tempo das catedrais*, analisa bem esse fenômeno e fornece elementos para compreender o ressurgimento desse gosto estético alguns séculos mais tarde[71]. Ovídio e Virgílio agradaram os cistercienses antes de ser banidos por professores dogmáticos; voltaram a agradar quando a Renascença reviveu o humanismo pluralista e um tanto pagão.

Outro exemplo disso tudo, tomado de empréstimo a um espaço civilizacional totalmente diferente, é dado por A. Berque: "Imaginou-se em deformar levemente as tigelas para dar-lhes à incompletude cara à estética nipônica"[72]. Trata-se de um detalhe minúsculo, mas instrutivo por muitas razões. Primeiro, a própria ideia de deformar alguma coisa é incompreensível numa lógica da medida e da utilidade; chegar a ser mesmo, no sentido etimológico, uma perversão, que atua na contramão da racionalidade simples. Além disso, o fato de ligar a incompletude e a estética mostra que

---

[71] Cf. G. Duby. *Le temps des cathédrales, l'art et la société, 940-1320*. Paris, Gallimard, 1978, p.173.
[72] A. Berque. *Le sauvage et l'artifice, les japonais devant la nature*. Paris, Gallimard, 1978, p.199.

esta, ao contrário da moral, pode conviver com a imperfeição, ou seja, incorporar a totalidade da vida, inclusive a sua parte de sombras. Trata-se de uma pulsão holística que dá conta do politeísmo weberiano. Este indica que, como as civilizações, nenhum valor ou conjunto de valores é perene, nem os valores que comandaram os destinos da modernidade.

Seria possível citar inúmeros exemplos nesse sentido, mostrando, por um lado, que o descartado pelo racionalismo finalista tinha o seu valor; por outro lado, o que se imagina ultrapassado e que continua a irrigar em profundidade o corpo social, renasce, como fênix, das cinzas e serve de terreno fértil para novas formas explícitas de estar-junto. Em suma, pode-se dizer que, conforme os lugares, as épocas, as espécies, talvez, existem formas de intencionalidade intrinsecamente heterogêneas, mas com uma lógica própria, uma lógica contraditorial, ou seja, uma lógica que não supera o contraditório, mas serve-se dele como elemento dinâmico.

É evidente que essa lógica dará prioridade ao pluralismo e terá uma temporalidade própria. Alguns observaram (V. Pareto) que restrição da carne dos monges ou dos ascetas, mesmo sendo não lógica em relação ao tempo mundano, tinha sua lógica na representação da eternidade. Morrer para o mundo será a garantia de eternidade para os monges. Trata-se de uma atitude amplamente difundida em muitas civilizações. Assim, o suicídio no Japão pode ser considerado totalmente inútil do ponto de vista ocidental. De toda maneira, aquilo que "não serve para nada nem ninguém" pode ter, a longo prazo, repercussões importantes. M. Pinguet comenta, nesse sentido, o suicídio do general Nogi, no começo do século XX, e mostra claramente que, mesmo contrariando a regra, tendo-se a razão como parâmetro, tal "gesto puro e desinteressado pode, pelo seu excesso mesmo, criar a própria referência". No caso, assim como se dá com os camicases, trata-se da "sobrevivência do patrimônio espiritual"[73].

---

[73] Cf. M. Pinguet. *La mort volontaire au Japon*. Paris, Gallimard, 1984.

Há, portanto, uma inutilidade que, mesmo inscrita numa perspectiva instrumental, é índice de uma utilidade muito mais profunda. Talvez seja esta última que tende a desenvolver-se. Sabe que obstinadamente, graças a um mecanismo curioso, o anômico tende a tornar-se canônico em muitos campos: literatura, pintura, economia, modos de vida, valores, etc. Será uma forma usada pela "astúcia da razão"? Talvez. Trata-se, em todo caso, de uma força viva que, sem trégua, obceca uma determinada sociedade a fim de que ela esqueça que um valor realizado, perfeito, sem oposição, é um valor morto.

Os poetas, especialmente, estão aí para lembrar isso, pois representam uma sensibilidade alternativa. Basta recordar que *As flores do mal*, de Charles Baudelaire, tinha por título original *As lésbicas*. O objetivo era ressaltar que podia existir, no coração de uma civilização produtivista, "uma sensualidade estética sem finalidade". Falou-se a esse respeito de "uma força negra da esterilidade", de um protesto contra o amor simplesmente reprodutivo[74]. Eu mesmo mostrei que se podia encontrar tal sensibilidade no naturalismo de Zola, especialmente em *A carcaça*. A sensibilidade estética, no caso, sugere que para além do par produção-reprodução, expressão de um tempo progressivo, existem vestígios de outra maneira de estar-junto, baseada no nada, no vazio, no incompatível, numa "obra em negro" que não se pode eliminar.

Seria preciso ver se do *nigra se formosa*, cantado por Salomão, ao trabalho clandestino das sociedades contemporâneas, não há um fio condutor, fininho mas resistente, que, conforme as época, terá maior ou menor importância. Significa reconhecer que podem existir cadências sociais diferentes, cabendo à observação identificá-las. A chamada contracultura, ao longo dos anos 60, compreendeu esse problema e enfatizou a simplificação da vida, os ritmos sociais lentos ou o aumento do lazer. O mesmo se deu

---

[74] Cf. G. Hocquenghem, R. Scherer. *L'âme atomique*, op. cit., p.89; cf. também os exemplos sobre Zola que dei em *À sombra de Dionísio*, op. cit.

com a sociologia do lazer ou do tempo livre[75]. Cabe agora ampliar o alcance dessa noção e constatar que os valores dessa perspectiva capilarizam-se no corpo social e não se trata sequer de uma questão quantitativa, mas qualitativa. O tempo liberou-se. Tornou-se ambiência, atmosfera. E determina um novo *Zeitgeist*.

O tempo livre não é forçosamente, como pensavam os analistas da teoria crítica, o simples momento de recuperação no ritmo social imposto. Não é certo que seja apenas, como considerava a indústria do lazer, um objeto "vendável" como outro qualquer. Com certeza, é um misto desses dois, o que gera uma totalidade irredutível, como sempre em casos semelhantes, à soma das suas partes. Há algo mais. Algo que se encontra, por exemplo, nesses deslocamentos malucos que são as viagens de férias ou na promiscuidade obscena das praias, dos lugares turísticos e dos mais variados tipos de manifestações festivas. Cada situação dessas pode ser vista como o momento de um sacrifício: "mata-se o tempo". Ou seja, trata-se de vencer o tédio, no sentido forte do termo: o *taedium vitae*.

É aí que falo em mudança qualitativa: a produção e o tempo racionalmente organizados não são mais os elementos que tudo determinam, mas, antes, essa necessidade, a *ananké* trágica, a ser sacrificada esporádica e ritualisticamente nas bacanais da vida. Não são mais o vetor (tempo) e a finalidade (produção) englobantes, mas simplesmente momentos relativizados pela consumição em todos os sentidos, o que realmente importa. Não se pode compreender de outra maneira a atmosfera apocalíptica da nossa época e que periodicamente explode em lufadas delirantes, ainda mais chocantes por serem totalmente previsíveis. Trata-se de apocalipse, não de catástrofe, pois o apocalipse tem um lado de alegria trágica.

Além de tudo, para explicar a consumição citada, não serve para nada bancar os eternos insatisfeitos, ou sacudir o espantalho do desemprego e de outros monstros como a crise. Pois, embora não se deva negar a importância desses fenômenos, é além ou aquém

---

[75] Cf. uma boa síntese disso em T. Rosiak. *Vers une contre-culture*. 1980, p.89.

deles que existe essa realidade descrita antes na qual é preciso "matar o tempo". Pelo sacrifício ocasional do tempo da produção, através de explosões de consumição, os costumes atuais e as tribos que os praticam, teatralizam dois elementos importantes da pós-modernidade. Por um lado, o que chamarei de *interesse pelo presente*, no sentido etimológico do termo *interesse*; por outro lado, o *simbolismo*, aquilo que me une ao outro, a outros. Em oposição a um tempo homogêneo e uniforme que serve de matriz à *regularidade do trabalho* (carreira) ou à *regularidade das relações* (família, relações estáveis), prevaleceria um tempo do desengajamento, um tempo de instantes sucessivos, de sinceridades sucessivas, um tempo em que, segundo as circunstâncias e as oportunidades, organizam-se formam-se grupos efêmeros, sem a obsessão da continuidade ou a perspectiva extensiva (*ex-tendere*), mas interessados na qualidade da participação, o que proponho chamar de perspectiva intensiva (*in-tendere*). Em suma, um situacionismo geral.

No que diz respeito à economia conjugal, é possível falar em "hordas sexuais", marcadas pelas reviravoltas das paixões; quanto à economia *stricto sensu*, pesquisas ressaltam a tendência à inserção em microempresas, sendo que nelas existe um espaço para o afetivo[76]. Certo é que está renascendo outra concepção de tempo, privilegiando o que os romanos chamavam de *otium*, uma espécie de férias ou, melhor, de *disponibilidade social* capaz de associar lazer, criação e prazer de estar-junto. Tudo o que pode ser resumido com a noção de socialidade.

---

[76] Cf. I. Pennachionni. *De la guerre conjugale*, op. cit., p.53. Sobre o ócio, cf. Willemer, *L'héroïne travail*, 1979, p.42. Pesquisas estão sendo desenvolvidas no Centro de Estudos sobre o Atual e o Quotidiano (Sorbonne, Paris V) sobre os microgrupos produtivos.

V.
CENTRALIDADE DA MARGINALIDADE TRIBAL E DE COSTUMES

"Dar um sentido mais puro às palavras da tribo". Tomo para mim a preocupação de Mallarmé. Assim como os outros *miniconceitos* que tenho o hábito de empregar, dou ao termo *costume* o seu sentido mais amplo e mais próximo da sua etimologia (*consuetudo*): a totalidade dos usos comuns que permite a coletividade reconhecer-se pelo que é. Trata-se de um vínculo misterioso, só acessória e raramente formalizado, que é verbalizado assim (manuais de bons costumes, de etiqueta e de bem viver, por exemplo). Nem por isso deixar de calar profundamente em toda a sociedade. O costume, nesse sentido, é o não-dito, o *resíduo* que funda o estar-junto. Propus chamar isso de *centralidade subterrânea* ou *potência social* (em oposição a poder). Essa ideia também pode ser encontrada em Goffman ("a vida subterrânea") e Halbwachs ("a sociedade silenciosa")[77].

Essas expressões pretendem ressaltar a existência de uma parte da vida social que escapa à ordem da racionalidade instrumental, não se deixa capturar pelo finalismo nem reduzir a uma simples lógica da dominação. A duplicidade, a astúcia e o querer-viver exprimem-se através de uma multiplicidade de rituais, de situações, de gestuais e de experiências que delimitam um espaço de liberdade. De tanto ver a vida alienada e de tanto querer uma existência perfeita ou autêntica, esquece-se de que, de maneira obsti-

---

[77] Tratei da ideia de "centralidade subterrânea" em meus livros anteriores. Cf. também M. Halbwachs. *La mémoire collective*. Paris, PUF, 1950, p.130-138; sobre a análise, nesse sentido, dos livros de E. Goffman, ver U. Hannerz. *Explorer la ville*. Paris, Minuit, p.271 e seguintes.

nada, o cotidiano baseia-se numa série de liberdades intersticiais e relativas. Assim como na economia existe um "mercado negro", há uma socialidade informal, clandestina, marginal, cujas marcas podem ser percebidas em diversas e minúsculas manifestações.

Tomo para mim também a perspectiva de Durkheim e da sua escola de sacralização das relações sociais. Considero que toda formação social, do microgrupo à estrutura estatal, é uma expressão do divino social. Mas, sabe-se, como mostraram tantos historiadores das religiões, que o sagrado é misterioso, assustador e inquietante, sendo interessante adoçá-lo, negociar com ele, o que se faz por meio dos costumes. Esses são para a vida cotidiana o que o ritual é para a vida, *stricto sensu*, religiosa[78]. De resto, é surpreendente observar que na religião popular, especialmente, é bastante difícil (o que sempre foi a tarefa da hierarquia eclesiástica) separar costumes e rituais canonicamente instituídos. Pode-se, então, dizer que assim como o ritual litúrgico torna a igreja visível, o costume faz com que uma comunidade exista como tal.

De resto, quando essa separação ainda não está bem estabelecida, aceitando-se o argumento de P. Brown, é trocando costumeiramente relíquias que as diversas igrejas locais vão constituir uma rede. Essas relíquias servem de cimento no interior de uma pequena comunidade e permitem a união dessas comunidades, transformando "a distância em relação ao sagrado numa profunda alegria de proximidade"[79].

Toda organização *in statu nascendi* fascina os sociólogos, pois as relações entre os indivíduos ainda não estão fixadas, e as estruturas sociais ainda têm a flexibilidade da juventude. Ao mesmo

---

[78] Sobre o "tremendum", cf. R. Otio. *Le sacré*. Paris, Payot; a respeito da religião popular, cf. M. Meslin. "Le phénomène religieux populaire", in *Les religions populaires*. Quebec, Presses Universitaires Laval, 1972.

[79] P. Brown. *Le culte des saints* (tradução de A. Rousselle). Paris, Cerf, 1984, p.118. Sobre a "religação" contemporânea, mesmo sem concordar com muitas das suas análises pessimistas ou sem esperança, remeto ao livro bem informado de M. Bolle de Ball. *La tentation communautaire, les paradoxes de la reliance et de la contre-culture*. Université de Bruxelas, 1985.

tempo, é útil encontrar pontos de comparação para pode formalizar o que se observa. Nem que seja como hipótese, certamente é possível aplicar o duplo processo de *religação* social e de negociação com o sagrado, próprio das primeiras comunidades cristãs, às diversas tribos que surgem e desaparecem *in praesenti*. Por mais de uma razão, essa aproximação é esclarecedora: organização, reunião em torno de um herói epônimo, papel da imagem, sensibilidade comum, etc. Mas o que funda a coletividade é a inserção local, a espacialização e os seus mecanismos de solidariedade. É isso, de resto, que caracteriza o que chamei antes de sacralização das relações sociais: o mecanismo complexo de dom e contradom que se estabelece, por um lado, entre pessoas diversas e uma comunidade assim constituída e, por outro lado, um determinado meio. Trocas reais ou trocas simbólicas, isso tem pouca importância; com efeito, a comunicação, no sentido mais amplo do termo, não se furta de utilizar os mais diversos caminhos.

O termo *proxemia*, proposto pela Escola de Palo Alto, parece-me dar conta dos dois elementos, cultural e natural, da comunicação em jogo. A. Berque, por seu turno, ressalta o aspecto *trajetivo* (objetivo *e* subjetivo) de tal relação. Talvez seja o caso de recorrer simplesmente à velha noção espacial de bairro e à sua conotação afetiva[80]. Termo que caiu em desuso, mas que volta hoje na pena de diversos observadores sociais, sinal de que já se encontra assentado em muitas cabeças. Esse *bairro* pode assumir diversas modulações: pode ser delimitado por um conjunto de ruas; pode ser uma área de investimento libidinal (bairro do vício, zona, etc.); pode fazer referência a uma área comercial ou um a terminal de transportes coletivos; pouco importa; trata-se, em todo caso, de um espaço público

---

[80] A Escola de Palo Alto é bastante conhecida na França. Várias obras de Bateson, Watzlawick, foram traduzidas e publicadas pela Seuil. Cf. a síntese feita por Y. Winkin. *La nouvelle communication*. Paris, Seuil, 1992; o termo "trajetivo" é utilizado por A. Berque em *Le sauvage et l'artifice*. Paris, Gallimard, 1986; sobre o bairro, cf. K. Noschis. *La signification affective du quartier*. Paris, Méridiens, 1983; e F. Pelletier. "Lecture anthropologique du quartier", in *Espace et sociétés*. Anthropos, 1975, n° 15.

que conjunta uma certa funcionalidade e uma carga simbólica inegável. Profundamente enraizado no imaginário coletivo, contudo, o bairro só é constituído pelo cruzamento de situações, de momentos, de espaços e "homens sem qualidades". De resto, a sua expressão é, na maioria das vezes, a dos estereótipos mais banais.

A pracinha, a rua, a tabacaria da esquina, a lotérica, a banca de jornais, etc., são, de acordo com os centros de interesse ou de necessidade, formas triviais da socialidade. No entanto, é um desses traços, mesmo triviais, que dará a especificidade de cada bairro. Uso intencionalmente esse termo, pois ele traduz muito bem o movimento complexo de uma atmosfera gerada por lugares e atividades, recebendo, em contrapartida, uma coloração e um odor particulares. Talvez se trate dessa espiritualidade materialista descrita poeticamente por Edgar Morin a respeito de um bairro de Nova York que transpira genialidade mesmo na "ausência de genialidade dos indivíduos". A cidade inteira é uma obra-prima, embora as "vidas sejam lamentáveis". Mas, prossegue Morin, "se você se deixa possuir pela cidade, se você se conecta ao fluxo de energia, se as forças mortais que estão ali para aniquilá-lo despertam em você o querer-viver, então Nova York o psicodeliza"[81].

Essa metáfora exprime bem o vaivém constante entre o estereótipo banal e o arquétipo fundador. Parece-me que é esse processo de constante inversão que funda o chamado "trajeto antropológico" de Gilbert Durand; nesse caso, a estreita conexão entre as grandes obras da cultura e essa cultura vivida no dia a dia constituem o cimento essencial de toda vida societal. Essa "cultura" é surpreendente. É feita do conjunto dos pequenos nada que, por sedimentação, criam um sistema significante. Impossível apresentar uma lista exaustiva desses elementos, embora possa constituir um projeto de pesquisa dos mais pertinentes em nossa época. Isso vai da culinária ao imaginário dos eletrodomésticos, sem

---

[81] E. Morin e K. Appel. *New York*. Paris, Galilée, 1984, p.64; Sobre o "trajeto antropológico", penso, naturalmente, no livro clássico de Gilbert Durand. *Les Structures...*, op. cit.

esquecer a publicidade, o turismo de massa, o ressurgimento e a multiplicação das ocasiões festivas[82]. Todas essas coisas revelam uma sensibilidade coletiva que tem pouca coisa a ver com a dominação econômico-política que caracterizou a modernidade. Essa sensibilidade não corresponde mais a uma racionalidade dirigida, finalista (a *Zweckrationalität* weberiana), mas se vive no presente, inserida num determinado espaço, *hic et nunc*. Dessa forma, faz "cultura no cotidiano e permite a emergência de verdadeiros valores, às vezes, surpreendentes ou chocantes, mas reveladores de uma dinâmica inegável (talvez seja necessário aproximar isso do que Weber chama de *Wertrationalität*).

Uma compreensão assim dos costumes como fato cultural permite apreciar a vitalidade das tribos metropolitanas que geram essa *aura* (cultura informal) na qual cada um de nós, *volens nolens*, está mergulhado. Inúmeros são os exemplos a dar nesse sentido. Todos têm como denominador comum a proxemia. É o caso, no sentido mais simples do termo, dessas redes de amizade, sem outra finalidade que se reunir sem finalidade, sem projeto específico, que cada vez mais se multiplicam na vida cotidiano das grandes aglomerações. Algumas pesquisas destacam o quanto essas novas redes tornam a estrutura associativa clássica obsoleta[83]. Esta, contudo, pretendia-se flexível, próxima dos seus usuários, diretamente vinculada aos problemas deles: mas era, porém, demasiado utilitária, organizada, baseada, na maior parte do tempo, numa ideologia política ou religiosa no sentido abstrato (longínquo) do termo.

Nas redes de amizade, a *religação* é vivida por ela mesma, sem qualquer projeção. Além disso, a exemplo das comunidades estimuladas pela Internet, é no âmbito do efêmero desta ou daquela

---

[82] O Centro de Estudos sobre o Atual e do Quotidiano, da Sorbonne, especializa-se nesse tipo de pesquisa. Como exemplos, remeto aos seguintes números da revista *Sociétés*: 8 (turismo), 7 (cozinha); assim como ao artigo de H. Sthrol, in *Sociétés*, n° 9.

[83] Ver J. C. Kaufmann. *Le repli domestique*, p.243; relatório de pesquisa, IARHEH, Universidade da Alta Bretanha, Rennes; sobre as redes, ver U. Hannerz. *Explorer la ville*. Op. cit., p.210-252.

ocasião em que um certo número de pessoas se encontrará. A ocasião pode estimular relações permanentes ou não. Mas não deixar de criar "redes" de amizade que, de acordo com o modelo formal das redes analisadas pela sociologia americana, permitem uma multiplicação das relações unicamente através da proxemia: alguém me apresenta para alguém, que conhece alguém, etc.

Essa concatenação proxêmica, sem projeto, não deixa de ter efeitos colaterais. Por exemplo, a ajuda mútua. Trata-se do resultado de uma antiga sabedoria; essa sabedoria popular, à qual é de bom tom não crer, e que sabe que, em todos os sentidos do termo, a "vida é dura para os pobres... difícil de ganhar dinheiro e, portanto, deve-se ajudar os mais próximos"[84]. E. Poulat resume assim o substrato popular da ideologia "democrata-cristã". Por várias razões, o modelo merece atenção, pois, acima da democracia-cristã propriamente, pode-se ouvir o eco da doutrina social tomista, influente ao longo dos séculos e marcante na formação de um simbolismo do em comum. Assim, em paralelo a uma análise sócio-histórica, pode-se também destacar a íntima ligação existente entre a proxemia e a solidariedade. De qualquer maneira, há ajuda mútua por força das coisas e não se trata de algo totalmente desinteressado, pois a ajuda dada poderá ser recompensada quando eu mesmo precisar ser ajudado. Mas, dessa forma, cada um se insere num processo de conexão, de participação, que privilegia o corpo coletivo.

Essa conexão é forte e discreta. Na realidade, é a boca pequena que falamos das nossas dificuldades pessoais, familiares e profissionais. Essa oralidade funciona como um boato que, no caso, tem uma função intrínseca: delimita o território onde se realiza a ajuda mútua. O estranho não tem lugar aí e, se necessário, diante da imprensa, das autoridades públicas e dos curiosos, lembra-se que "roupa suja se lava em casa". Reflexo de sobrevivência em caso de

---

[84] E. Poulat. *Catholicisme, démocratie et socialisme (le mouvement catholique et Mgr Benigni, de la naissance du socialisme à la victoire du fascisme)*. Casterman, 1977, p.58.

ação ilícita, mas que pode ser aplicado também às ações legais e aos momentos felizes. De fato, sob essas diversas modulações, a palavra habitual, o segredo partilhado, etc., são o cimento primordial de toda socialidade.

Essa observação permite dar todo um sentido à expressão *ajuda mútua*, que não se refere unicamente às ações mecânicas das relações de boa vizinhança. Na verdade, a ajuda mútua, como a entendemos aqui, insere-se numa perspectiva orgânica em que todos os elementos, em sinergia, fortalecem a totalidade da existência. Assim, a ajuda mútua seria a resposta animal, "não consciente", do querer-viver social. Trata-se de uma espécie de vitalismo, talvez de saber incorporado, do qual a unicidade é a melhor resposta às forças da morte.

Esse sentimento coletivo de força comum, essa sensibilidade mística, bases da perduração, utilizam vetores bastante triviais. Sem que se possa analisá-los aqui, são todos esses lugares de bate-papo ou, de maneira geral, de convívio. Cabarés, bares, cafés e outros espaços públicos são "regiões abertas", ou seja, lugares onde é possível dirigir-se aos outros e, nesse sentido, dirigir-se à alteridade em geral. Nosso ponto de partida foi a ideia de sacralidade das relações sociais, que se expressam intensamente pela circulação da palavra, situação típica das conversações enquanto se come ou bebe. Não esqueçamos que a eucaristia cristã, marca da união dos fiéis e da união com Deus, nada mais é do que uma das formas bem-sucedidas da comensalidade encontrada em todas as religiões do mundo.

Estiliza-se assim o fato de que no café ou durante uma refeição, dirigindo-me ao outro, é à deidade que me dirijo. Voltamos à constatação, tantas vezes feita, da ligação entre o divino, a totalidade social e a proximidade[85]. A comensalidade, em suas diversas

---

[85] Ainda precisa ser feito, nesse sentido, um bom estudo dos lugares públicos. Pesquisas sobre bares estão sempre em curso no CEAQ. Podemos, contudo, remete a C. Bouglé. *Essais sur le régime des castes*. Paris, PUF, 1969, p.47;

formas, nada mais é do que essa ligação complexa tornada visível. Vale lembrar que o divino origina-se nas realidades cotidianas, elaborando-se aos poucos na comunhão de gestos simples e rotineiros. Nesse sentido, o *habitus*, ou o costume, serve para concretizar e atualizar a dimensão ética de toda socialidade.

O costume, como expressão da sensibilidade coletiva, permite *stricto sensu* um êxtase no cotidiano. As bebedeiras, os bate-papos e as conversas fiadas, que pontuam a vida diária, fazem "sair de si" e assim criam essa aura específica que serve de cimento ao tribalismo. Como se vê, não se deve reduzir o êxtase a algumas situações paroxísticas estereotipadas. O dionisíaco remete, claro, à promiscuidade sexual e a outras efervescências afetivas ou festivas, mas também permite compreender a elaboração das opiniões comuns, das crenças coletivas ou das *doxas* comuns. Em resumo, esses "enquadramentos coletivos da memória", para retomar a expressão de M. Halbwachs, permitem fazer emergir o que é vivido, as "correntes da experiência"[86].

Ao lado de um saber puramente intelectual, há um conhecimento que possui também uma dimensão sensível, um conhecimento que, o mais perto possível da etimologia desse termo, permite "nascer com". Esse conhecimento encarnado enraíza-se num *corpus* de costumes que mereceriam uma obra específica. Isso permitiria apreciar a modulação contemporânea da *palabre*, cujos diversos rituais desempenham um papel importante no equilíbrio social de uma comunidade tradicional. Não é impossível imaginar que, em paralelo ao desenvolvimento tecnológico, o crescimento das tribos urbanas favorece uma "palavra informatizada", revivendo os rituais da antiga Ágora. Não se estaria mais, como ocorreu quan-

---

Cf. também Hannerz. *Explorer la ville*. Op. cit., p.249 e seguintes. Ver também J. M. Lacrosse *et alii*, "Normes spatiales et interactions", in *Recherches sociologiques*. Louvain, vol. VI, n° 3, 1975, p.336, especialmente a parte sobre os bares como "regiões abertas".

[86] M. Halbawachs. *La mémoire collective*. Paris, PUF, p.51 e seguintes.

do do seu nascimento, diante dos perigos do *computer* macroscópico e desconectado das realidades próximas, mas, ao contrário, graças ao *micro* ou à televisão por cabo, mergulhados na difração ao infinito de uma oralidade disseminando-se de próximo em próximo. O sucesso das tecnologias informáticas de contato deve ser interpretado nesse sentido. Educação, tempo livre, trabalho em parceria, cultura, enfim, a comunicação induzida por esse processo estrutura em rede com todos os efeitos sociais imagináveis[87].

Um desses efeitos é a formação dessas tribos marginais e centrais que se tornam pólos de atração do imaginário coletivo do ponto de vista existencial, econômico ou cultural. Não é questão de apresentá-las como modelos acabados, mas de indicar que, como alternativa ao *princípio de autonomia*, seja qual for o nome que se lhe dê (autogestão, autopoiesis, etc.), existe um princípio *alonômico* que se baseia no ajustamento, na acomodação, na articulação orgânica com a alteridade social e natural[88]. Esse princípio contradiz o modelo ativista que forjou a modernidade. Na hipótese formulada aqui, ele está essencialmente ligado aos costumes e dá novo conteúdo, de maneira prospectiva, aos valores tradicionais que se imaginava ultrapassados. Na realidade, depois do período do *desencantamento do mundo* (*Entzauberung* em Weber), postulo que se assiste a um verdadeiro *reencantamento do mundo*. Em suma, para as massas, que se fragmentam em tribos, ou para as tribos, que se agregam em massas, tal reencantamento tem por cimento principal uma emoção ou uma sensibilidade vivida em comum. Penso nas meditações proféticas feitas por Hölderlin às margens tranquilas do

---

[87] Cf. o relatório de M. de Certeau e L. Giard. *L'ordinaire de la communication*, 1984 (Relatório ao Ministério da Cultura). Cf. também, num campo mais especializado, a tese de P. Delmas. *L'éléve terminal, enjeux sociaux et finalité des nouvelles technologies éducatives*. Universidade Paris VIII, 1986.

[88] A. Berque analisa esse princípio de alonomia no Japão em *Vivre l'espace au Japon*. Paris, PUF, 1982, p.52; sobre a impregnação do ritual dos costumes no Brasil, ver R. DaMatta. *Carnaval, malandros e heróis*. Rio de Janeiro, Zahar, 1979.

Neckar; ele unia o sentimento do que é comum, o *nacional* que serve de cimento à comunidade, às "sombras dos deuses antigos, (que) tal como foram visitam novamente a terra..." Quando retornou a esse caminho tranquilo, foi invadido por esses deus. Foi também na solidão da trilha de Èze que esse outro "louco", Nietzsche, experimentou a irrupção dionisíaca. Sua visão não foi menos premonitória: "Hoje solitários, vocês que vivem separados, vocês serão um dia um povo. Os que designaram a si mesmos formarão um dia um povo designado e desse povo nascerá a existência que ultrapassa o homem."

Quanto à nossa *Philosophenweg*, passará pelas praias superpovoadas das "férias pagas", pelos grandes shoppings agitados por uma fúria consumista, pelas grandes manifestações esportivas com sua efervescência delirante e pelas multidões sem história que ruge sem objetivo especial. Por diversas razões, parece que Dionísio impregnou tudo isso. As tribos, que ele impulsiona, apresentam uma ambiguidade perturbadora: embora não desprezem a tecnologia mais sofisticada, são meio bárbaras. Talvez seja esse o signo da pós-modernidade nascente. Seja como for, o princípio de realidade, por um lado, convida-nos a levá-las em consideração, pois estão aí, e, por outro lado, lembra-nos de que em inúmeras épocas foi a barbárie que regenerou muitas civilizações moribundas.

VI.
A MESA COMO LUGAR DE COMUNICAÇÃO

Falou-se do comer juntos como uma maneira de enfrentar a morte, mas isso passa, antes, pelo confronto com os outros. Diante da lógica do tempo e da derelição que ele acarreta, trata-se, como espetáculo, de afirmar aos que nos cercam, aos amigos ou aos inimigos, que se pode durar, pois a importância de uma cerimônia com um jantar, de um grande momento desses, está fadada a subsistir. Os rituais religiosos (pagãos ou cristãos) e os rituais locais ou folclóricos passam sempre por maratonas gastronômicas. As famílias de uma mesma aldeia lançam-se verdadeiros desafios culinários, ganhando quem atingir o maior grau de suntuosidade. O mesmo desafio se repete em todos os lugares. A festa do santo padroeiro de cada povoado da Sicília serve de pretexto para grandes bacanais culinárias e outras alegrias. As comunidades vizinhas fiscalizam, enciumadas, cada detalhe, comparam com o que puderam fazer em casa e chegam até mesmo a aplaudir a superioridade dos outros. L. Moulin relata que tais "combates gastronômicos" existiam no Peru entre as diversas religiosas nos dias de festa. "Cada ordem tinha a sua especialidade, cujo segredo era zelosamente guardado", e concorria com as outras[89]. Pode-se imaginar que a influência espiritual de cada ordem estava totalmente ligada à qualidade do "pastel de mel" ou de qualquer outra guloseima. É divertido pensar que a frequência ao sermão dominical de um convento poderia depender da excelência dos seus cozinheiros!

Às vezes, o desafio é levado ao extremo da sua lógica, e a tradição histórica ou romanesca narra esses banquetes-desafio que vão até a morte de um dos protagonistas. Assim, no romance de

---

[89] Cf. L. Moulin. *L'Europe à table*. Elsevier, Bruxelas, p.80.

Gabriel Garcia Márquez, *Cem anos de solidão*, um dos heróis da família Buendía leva à morte alguns presunçosos dos lugarejos vizinhos antes de ele mesmo sucumbir. O teatral atinge, nesse ponto, o seu apogeu e o banquete não é mais que um espetáculo puro encenado uma espécie de palco e válido pela qualidade dos seus atores. Sem alcançar sempre essa forma pura, o jantar, expressão da provocação, deve ser praticado como um fato social que lembra a todos que a chamada sociedade é uma ordem fundada sobre a diferença.

Com efeito, o encontro à mesa determina a comunicação, mas esta se enraíza, quase sempre, no conflito; portanto, o encontro à mesa também é conflito. Esse é o sentido da provocação. Na parábola de Juvenal, o pobre Trebus, durante uma refeição na casa do rico Virion, bebe um "vinagre" na traça rachada enquanto o anfitrião degusta um bom vinho numa taça de âmbar. Claro, trata-se de um ultraje, mas a caricatura ressalta muito bem um aspecto de uma refeição com convidados: ostentar sua riqueza. Durante um jantar, os guardanapos, os talhares, o lugar dos convidados, os ritos da mesa, as conversas e o serviço, tudo isso cria, ao mesmo tempo, proximidade e distância: está-se sentado junto com os outros, mas de uma maneira que fortalece a diferença e a hierarquia. *Coincidentia oppositorum.* Isso faz, como observa um comentarista especializado do fenômeno culinário, do encontro à mesa "um ato social fundamental na medida em que proporciona aos participantes uma experiência impressionante das relações sociais, fixando solidamente a coesão, fazendo momentaneamente desaparecer os constrangimentos, limites e desníveis e também exacerbando esses constrangimentos, limites e desníveis"[90]. Nesse sentido, os rituais da mesa são paradigmáticos de toda a ritualização social.

À sua maneira, feita de razão e de utopia (hiper-racionalidade), Fourier descreve a função do desafio na estruturação da harmonia. Os patezinhos, as omeletes incrementadas e os cremes

---

[90] F. Lange. *Manger ou les jeux et les creux du plat.* Paris, Seuil, 1975, p.39 e 45-70.

açucarados podem ser as armas dessa "guerra gastronômica" da qual fala N. Chatelet. Cada membro do falanstério está em busca do aprimoramento de cada um dos acepipes e os oferecerá ao adversário ao final da luta[91]. Vê-se o quanto essa guerra gastronômica simboliza o conflito social e torna-se, por isso mesmo, um momento de socialidade. Em torno dos produtos culinários, os membros do falanstério se enfrentam, mas também se encontram. Esses produtos fornecem a ocasião para a troca. Voltamos à eterna relação entre Neikos e Fília de qual fala Empédocles de Agrigento, mas, através do ritual culinário, esse conflito antropológico termina em comunhão. A provocação teatralizada, da qual destaquei alguns exemplos, encontrada em quase todas as práticas de vizinhança, tende assim para uma harmonia dinâmica. É nesse sentido que a arma do patezinho encontra o seu lugar no chamado trajeto antropológico! Vale ressaltar que é por ser lugar de diferença que a culinária pode ser meio de socialidade. Esta nunca é unanimidade chata e aborrecida, mas, ao contrário, sempre confronto mais ou menos violento. Se a mesa pode ser o lugar onde se constituem as mais sólidas amizades e os mais suaves laços afetivos, também é o lugar onde explodem e exprimem-se as mais ferozes discórdias. Em torno da mesa, podemos nos amar ou nos dilacerar; em suma, a mesa é o trono do ambíguo e perturbador Dionísio. Os efeitos do vinho, que ele oferece aos homens, são muito variados e totalmente imprevisíveis.

Estamos no coração da antinomia do prazer e do seu contrário, tão bem revelada pelos gregos. Como observa um especialista dessa época, "o banquete é um lugar ambíguo, fora da lei, mas não fora do mundo da lei"[92]. Com efeito, encontramos à mesa, festa do vinho e expressão do bem-estar, a presença constante da parte de sombra, da face escondida do deus, a presença da discórdia, ou seja, no sentido mais estrito, a morte. Toda encenação de um jantar – sua teatralidade e sua organização – lembra essa ambivalência funda-

---

[91] Cf. N. Chatelet. *Le corps à corps culinaire*. Paris, Seuil, 1977, p.142.
[92] F. Dupont. *Le plaisir et la loi*. Maspéro, 1977, p.23.

mental. Ao mesmo tempo, essa ambivalência é exposta e, pela ritualização, tenta-se negociar com ela, dominá-la, suavizá-la. É difícil viver uma antinomia, o que Weber chamava de "a irracionalidade ética do mundo"; os diversos rituais têm como função adaptar-nos a ela. A teatralidade à mesa desempenha, por excelência, esse papel e une os contrários. A metáfora da alquimia misteriosa do cozimento está aí para nos lembrar disso.

É por desempenhar esse papel de mediadora que a mesa facilita a conjugação. Por haver confronto coletivo com a parte de sombra, a morte, existe a possibilidade de socialidade. Comentando as maravilhas do *triclinim* de Trimalcion, Florence Dupont constata que a "mesa não é mais o que equilibra o mundo, mas o lugar de todas as confusões, onde se encontram os mortos, os vivos e os deuses"[93]. A observação é importante, mas discordo da autora por ela não reconhecer o alcance cósmico dessa confusão. Parece-me, ao contrário, que unindo, ritual e teatralmente, os vivos e os mortos, os deuses e os homens, a mesa é a expressão perfeita de uma confusão organizada devedora do cosmos e do social. O cosmos é a harmonia que provoca a tensão teatralizada à mesa, servindo assim de paradigma à organização do social no restante da vida cotidiana. Pode-se até mesmo dizer que, por expressar, pelos ritos, a harmonia cósmica, a mesa permite a comunicação. É nesse sentido que se pode falar da sua eficácia simbólica. Plutarco observava que "a supressão do alimento é a dissolução da casa". Se prestarmos atenção ao que há de mais profundo dessa observação, veremos que, como já indiquei aqui, o que une a mesa e a estruturação social, ou seja, sem os alimentos a cada nada é; sem a mesa, o comércio social é impossível. Além disso, sem a mesa, que teatraliza a violência das relações, esse comércio se autodestrói, nega-se como tal.

Chegamos ao ápice da teatralização à mesa. Os rituais, a preparação, a afronta à morte e o conflito, tudo isso culmina e esgota-se na arte da conjugação. "A função do banquete é tornar cada

---

[93] Ibid., p.147.

um agradável aos outros e a si mesmo", diz ainda Florence Dupont[94]. É interessante compreender ao extremo a lógica dessa observação. Nela, aparecem ligados os dois aspectos que tentei analisar a respeito da culinária: gratifica o corpo e permite a troca. A exemplo do que é consumido, essas duas funções esgotam-se no próprio ato. Nesse sentido, aparência do banquete, do jantar, do encontro à mesa, é um modelo insuperável do fato social. A comunhão final permanece circunstancial, sem nunca estar garantida para sempre. Mas é dessa precariedade que tira a sua força, pois ela é condição de intensidade. Nessa perspectiva, convém compreender a importância do teatro, a função do ritual, das maneiras à mesa. Esse ritual lembra a nossa inserção na efemeridade e inicia no jogo da conversação, do amor e da comunicação. Na realidade, nada disso é natural; o mais louco amor passa por um ritual mais ou menos complicado, do que a sedução é a expressão mais imediata. O encontro à mesa é uma propedêutica dessa troca simbólica, pois se baseia na aparência.

Na antiguidade, a tradição platônica, plotiniana, ou ainda a tradição oriunda da gnose ou dos diversos mistérios religiosos, mostrou muito bem a importância dos rituais culinários. Vê-se isso na decadência romana, na socialidade medieval (laica ou religiosa) ou nas festas da Renascença. Com o século XIX, o banquete ocupa inclusive o terreno político. Atualmente, a refeição, o "rango" e a festa parecem indicar uma necessidade imperiosa de recuperar uma socialidade de base. Tudo isso indica uma troca simbólica que tenta escapar do controle do poder ou dos diversos tipos de *dever-ser*. Mas essas diversas tentativas de iniciação da socialidade, através da mesa, sempre se exprimem numa aparência, uma encenação que revela, ao máximo, a *fenomenolidade*, estrutura da existência societal.

Num ensaio sobre a alimentação contemporânea, Roland Barthes observa que os elementos do parecer alimentar, os ritos de hospitalidade, todos os pequenos fatos da vida cotidiana, as rodas

---

[94] Ibid., p.81.

de aperitivo, os jantares festivos, as diferentes práticas dos grupos sociais, etc., todas essas coisas não são apenas objetos de consumo ou práticas sem importância, mas constituem o que ele chama de um verdadeiro signo, ou seja, "a unidade funcional de uma estrutura de comunicação". De um ponto de vista antropológico, continua Barthes, o alimento é a primeira das necessidades, mas naturalmente essa necessidade estrutura-se depois de feita a colheita[95].

É essa estruturação que funda a comunicação alimentar e que tentei analisar no que chamei de teatralidade. Nesse sentido, a comunicação, o convívio ou a comunhão não são situações anódinas dependentes de um *diálogo* asséptico e só pregado por ser impossível. A comunicação, seja qual for o nome que se dê a ela, é uma *estrutura*, ou seja, uma entidade composta de elementos interdependentes que vai além da consciência dos atores envolvidos. A comunicação, tal como é examinada aqui, não é somente verbal, embora a palavra ocupe nela um lugar destacado, mas um sistema total, uma mescla de palavras, objetos e gestos que reclama uma *poética* globalizante.

As maneiras à mesa, os ritos e as regras que estruturam o fenômeno culinário remetem à magia, à religião, ao cosmos. Nesse sentido, pode-se falar de laço comunicacional específico. Nesse sentido também, comer tem sido designado como um investimento privilegiado do sexo. A orgias e as bacanais estão aí para indicar isso, assim, de resto, como a ceia cristã, de maneira eufemística. A forte carga erótica do comer e do beber faz destes a mediação ritual por excelência para enfrentar coletivamente a angústia do tempo que passa.

---

[95] R. Barthes. "Pour une psycho-sociologie de l'alimentation contemporaine" in *Cahiers des Annales*, n° 28; *Pour une histoire de l'alimentation,* p.309. A. Colin, 1970.

CONCLUSÃO

AGITAÇÃO DOMÉSTICA E EFERVESCÊNCIA CEREBRAL

De uma maneira um tanto provocadora, pode-se dizer que em todas as disciplinas existem os que procuram (pesquisam) e os que encontram. Enquanto estes últimos se aventuram em *terrae incognitae*, abrindo, como pioneiros, novas pistas, os primeiros exploram e administram o saber estabelecido.

Nada impede, claro, que essas duas atitudes se complementem e entrem em sinergia. Resta, porém, que seja respeitada a dinâmica dessas sensibilidades teóricas diferentes e, mais precisamente, que o saber instituído não esqueça o ato fundador que lhe deu nascimento.

Não é questão de reivindicar a propriedade das ideias ou de se prevalecer de algum antecedente. Na realidade, é bom lembrar que, como se dizia nesse momento de efervescência que foi maio de 1968, "nossas ideias estão em nossas cabeças". Mas, ao mesmo tempo, é preciso salientar que, a exemplo dos modos de vida ou das situações sociais que lhes dão suporte, as ideias, antes de ser canônicas, são, na maior parte do tempo, anômicas. Nada há de errado nisso, pois a imperfeição, a fragilidade e a proximidade servem de garantia para a capacidade de captar o que está em *statu nascendi*.

Vale insistir um pouco mais em relação a esse aspecto, pois, em função de uma inércia sociológica bastante conhecida, a institucionalização, fantasiada de ciência, tende a rejeitar tudo aquilo que possa incomodar suas certezas demasiado tranquilas. Seu mecanismo de defesa merece ser lembrado. Antes de mais nada, funciona o célebre argumento *ex silentio*. Paradoxalmente, ele fala por si mesmo e dispensa longos comentários. Uma palavra alemã traduz perfeitamente a sua eficácia, *Totschweigetaktik*, tática de asfixia pelo silêncio. Isso anda junto com o assassinato anônimo característico das inúmeras comissões ou comitês que gerem, democraticamente, o mundo acadêmico ou a pesquisa científica, sem falar das diversas instâncias que distribuem as verbas públicas. Nesses espaços, onde a *libido dominandi* substituiu, já faz muito tempo, a *libido sciendi*, a hipocrisia é a regra, em nome, claro, de uma deontologia profissional proclamada em alto e bom som. Sabe-se que dos moralistas pode-se esperar tudo, sobretudo o pior; no caso, a mediocridade, pela qual, segundo o adágio bem conhecido, *asinus asinum fricat*.

Mas, quando um conjunto de análises capta o espírito de um tempo, é bastante difícil sufocá-lo totalmente. Vem, então, o momento da desvalorização, seja através da estigmatização, da fofoca ou dos boatos[96]; ou, mais grave, através da invalidação teórica. Forma bastarda da refutação, a invalidação teórica não busca compreender a dinâmica de um pensamento, nem mesmo para criticá-lo, mas se contenta em condená-lo em nome do "argumento de autoridade" (das autoridades). Sabe-se o uso que fez disso a inquisição. Em suma, em nome de uma Verdade que teve os seus momentos de inspiração, trata-se de negar a variedade de modos de vida e, portanto, a variedade de expressões desses modos de vida. As análises suspeitas de heresia são aquelas que, rompendo com a conversa fiada oficial, tentam dar conta, mesmo que de forma paradoxal, de um querer-viver social que não deixa encurralar por nenhum dogma.

Mas a heresia atrai. O terceiro momento do mecanismo de defesa é, portanto, a recuperação, a apropriação. Insidiosa, matreira, tendenciosa, ela se interessará para melhor asfixiar. Na melhor das hipóteses, diluirá ou amenizará a força viva do veneno que não pode eliminar. Agindo dessa forma, os sociólogos oficiais esperam rejuvenescer. No mesmo espírito dos estágios anteriores, a mentira

---

[96] J. Bergmann. *Der Klatsch de Gruyter*, 1987.

por omissão é a regra. Quando não pode deixar de citar o herético, faz-se isso com parcimônia, em função de algo menor ou na contramão, ou por um *non-sense*.

Mas as fotografias stalinistas ou os inventários esclerosados só enganam os que desejam ser enganados. Acima de qualquer mesquinharia evidente, há nessa atitude uma confissão. É isso que é importante. As temáticas rejeitadas, renegadas, acabam por impor-se. Mesmo que sejam consideradas discutíveis, não há como se impedir de discuti-las.

É o caso da socioantropologia do imaginário e também o da complexidade. Obras de fôlego que devemos a Gilbert Durand e a Edgar Morin. Cada um do seu jeito abriu uma brecha que está longe de ser fechada[97]. Muitos são os nomes ligados a essa perspectiva e seria impossível citar todos aqui. Nem é o nosso objetivo nestas linhas que pretendem chamar atenção para o fato de que foi com base nisso que se vem de descrever que cresceu principalmente a reflexão sobre o cotidiano. Não se trata da reflexão do cotidiano que busca criticamente a "verdadeira" vida por trás das aparências, nem daquela que considera o ressurgimento do cotidiano como paralelo a um reconhecimento à esfera privada ou ao individualismo. Ao contrário, sem julgamento normativo, trata-se da reflexão que aceita o fenômeno social como lugar onde se exprime um vivido feito de banalidades, de teatralidade, de duplicidade, de pequenas liberdades coletivas.

Em resposta às críticas do que, sob pretexto de que o cotidiano está em toda parte, não havendo, portanto, interesse em dar-lhe destaque, mostrei exaustivamente (*O conhecimento comum*)

---

[97] Tomo claramente distância em relação a H. Lefebvre, cuja *Critique de la vie quotidienne*, tomo 3, L'Arche, 1981, p.10 revela um fosso existente entre a crítica do cotidiano e a atitude que chamarei de "afirmativa" desse mesmo cotidiano mostrada em obras publicados naquele mesmo ano como: Michel de Certeau. *L'invention du quotidien*, 10/18, 1979; e Michel Maffesoli. *A Conquista do presente*, op. cit.; de um ponto de vista epistemológico, formulei essa perspectiva em *O Conhecimento comum*. São Paulo, Brasiliense, 1988.

que se trata menos de um novo objeto de análise que de uma perspectiva específica. No caso, aquilo que – nas diversas situações conhecidas (trabalho, lazer), nas diversas formas de agregação (da família aos partidos, passando por todos os tipos de associações), no âmbito das múltiplas instituições (escolas, administrações, organizações, etc.) – escapa a uma ordem puramente mecânica. Em síntese, tudo aquilo que está além ou aquém do que se chama corriqueiramente de relações sociais.

Não é que as relações não existam, pois seria preciso muita cegueira para negá-las, mas talvez seja tempo de mostrar que elas se baseiam num ethos negligenciado pela modernidade. Foi isso que chamei, quando ainda não era moda usar esse termo, socialidade. Trata-se de alguma coisa bem diferente da simples sociabilidade considerada como um enfeite de importância mínima na estrutura das relações sociais.

Ao social, correspondem a solidariedade mecânica, o instrumental, o projeto, a racionalidade e a finalidade; à socialidade, correspondem a solidariedade orgânica, a dimensão simbólica (comunicação), o *não lógico*, a preocupação com o presente. Ao drama sucede o trágico, aquilo que é vivido em si mesmo sem rejeição às contradições. Ao futurismo sucede o presenteísmo. É essa socialidade, designando de qualquer forma o próprio fundamento do estar-junto, que obriga a levar em consideração tudo aquilo que era tido como essencialmente frívolo, anedótico ou sem sentido.

Assim, na contramão dos que continuam a ver o social como oriundo de uma determinação econômico-política, ou ainda em oposição aos que o veem como o resultado racional, funcional ou contratual da associação de indivíduos autônomos, a temática da socialidade lembra que o mundo social, *taken for granted*, pode ser compreendido como o fruto de uma interação permanente, de uma reversibilidade constante entre os diversos elementos do meio social, dentro da matriz que é o meio natural.

Nessa perspectiva, o homem, senhor e protagonista da sua história ou da história social, cede lugar ao homem que é "agido", o homem que se perde na massa. Trata-se de levar a sério o desinteresse em relação aos diversos ativismos que marcaram a modernidade (político, produtivo), o que pode ser traduzido assim: tudo o que não depende de nós nos é indiferente. Daí igualmente a difusão do que se pode chamar de "estética da recepção". A moda, o hedonismo, o culto do corpo e a prevalência da imagem tornam-se formas de agregação societal. Tentei condensar todos esses indicadores na metáfora do dionisíaco. Alguns continuam a ver na sombra de Dionísio que cobre nossas megalópoles algo pouco sério. Contudo, inúmeras são as manifestações (musicais, esportivas, de consumo) sociais que indicam o desenvolvimento das "formas sensíveis da vida social" (P. Sansot).

Ao resumir aquilo que desde a Renascença anima a vida intelectual no Ocidente *ordinatio ad unum*, Comte destinou a sociologia à realização profana da grande fantasia do Uno. Conforme as escolas, essa atitude distintiva aparecerá na elaboração de classes, categorias socioprofissionais e de outras lógicas da identidade (sexual, ideológica, profissional). A sociologia teria como fundamento o postulado de que, primeiro, há indivíduo ou sociedade (soma de indivíduos). Como, a partir disso, contemplar a transversalidade observada em todos os tipos de adesão grupal, na variedade de *looks*, na unissexualização galopante, na bricolagem ideológica? Parece-me, nesse sentido, urgente elaborar uma lógica de identificação capaz de ressaltar as pessoas (*persona*) com suas diversas máscaras.

Fazer tal constatação não significa abdicar de pensar. Reconhecer o "não lógico" (Pareto) não remete a um irracionalismo qualquer. Ao contrário, o fato de incorporar parâmetros como o imaginário, o lúdico e o onírico pode ser sinônimo daquilo que Fourier chamava de "hiper-racionalismo". Há coerência entre os diversos elementos que acabo de indicar, uma espécie de fio condutor revelado pela sociologia do cotidiano. Com efeito, o presenteísmo, forma contemporânea de designar o imanentismo da Idade Média ou o *carpe diem* da Renascença, ao salientar que não há outra vida por trás das aparências, lembra que o único real é o fenomenal. É isso mesmo que alimenta a nebulosa epistemológica que vai da fenomenologia à etnometodologia passando pelo método biográfico e pelo interacionismo.

A efervescência epistemológica perceptível em nossas disciplinas acadêmicas é o indicador mais claro dos diversos deslocamentos em ação nas sociedades contemporâneas. É inútil retomar a saturação dos grandes sistemas explicativos, pois isso é agora uma evidência. Em ricochete, isso fragilizou as certezas metodológicas e as grades de leitura preestabelecidas aplicadas *a priori* em qualquer situação social. Talvez seja o caso de partir para o que Goffman chamava de "miniconceitos", tão efêmeros quanto os objetos analisados. De minha parte, numa perspectiva purgativa, aconselhei, fiel ao espírito simmeliano, ficar na análise das formas. Parece-me que a sociologia formista está em sintonia com a labilidade social. Sem dizer o que deve ser, contenta-se em epifanizar o que é. Esse, em fim de contas, é o grande interesse desse ato de pôr em perspectiva que é a sociologia da vida cotidiana: integrar no e pelo conhecimento tudo o que está próximo: *inventar* (no sentido de *in-venire*), ressaltar todos os fragmentos, essas situações minúsculas, essas banalidades que por sedimentação constituem o essencial da existência. Há nisso um desafio epistemológico nada desprezível: introduzir-nos no coração das formas de socialidade nascentes; no coração dessa nova relação com os outros que desarruma tantas maneiras de pensar; no coração do que chamarei de lógica do doméstico.

Este livro foi confeccionado especialmente
para a Editora Meridional
e impresso na
Gráfica ....